LÁGRIMAS
Valientes

Muchas felicidades
por elegir a Dios sobre todas
las cosas por hacerlo tu priori-
dad. Y ahora eres triunfante
en Él. Dios te Bendiga siempre.

fidel, Jason, Ivi y Diana
6.25.19

LÁGRIMAS
Valientes

Esperanza viva
en un mundo pasajero

Aixa de López

B&H
ESPAÑOL

NASHVILLE, TENNESSEE

Lágrimas valientes: Esperanza viva en un mundo pasajero

Copyright © 2017 por Aixa García de López
Todos los derechos reservados.
Derechos internacionales registrados.

B&H Publishing Group
Nashville, TN 37234

Clasificación Decimal Dewey: 248.843
Clasifíquese: VIDA CRISTIANA/MUJERES
Tipografía: 2K/Denmark

Toda dirección de Internet contenida en este libro se ofrece solo como un recurso. No intentan condonar ni implican un respaldo por parte de B&H Publishing Group. Además, B&H no respalda el contenido de estos sitios.

A menos que se indique otra cosa, las citas bíblicas se han tomado de La Santa Biblia, Nueva Versión Internacional®, © 1999 por Biblica, Inc.® Usadas con permiso. Todos los derechos reservados. Las citas bíblicas marcadas NBLH se tomaron de la Nueva Biblia Latinoamericana de Hoy®, © 2005 The Lockman Foundation. Todos los derechos reservados. Usadas con permiso. Las citas bíblicas marcadas RVC se tomaron de la Reina Valera Contemporánea®, © 2009, 2011 por Sociedades Bíblicas Unidas. Usadas con permiso. Las citas bíblicas marcadas LBLA se tomaron de LA BIBLIA DE LAS AMÉRICAS, © 1986, 1995, 1997 por The Lockman Foundation. Usadas con permiso.

ISBN: 978-1-4627-6554-6

Impreso en EE.UU.
1 2 3 4 5 * 20 19 18 17

Tabla de Contenidos

DEDICATORIA

A Ana Isabel, Juan Marcos, Darly Alejandra y Evy.

He aprendido a orar por ustedes con mis ojos puestos en lo eterno; por eso, mis peticiones suenan peligrosas. No pido para ustedes comodidad, seguridad o felicidad temporales, sino que anhelo ganancia eterna. Tengo la esperanza de que Dios les dé vuelta a sus mentes y corazones para que vivan una vida con raíces en el cielo, que dé mucho fruto durante su estancia en la tierra, para Su gloria. No tengan miedo...

 ... [S]i hemos estado unidos con él en su muerte, sin duda también estaremos unidos con él en su resurrección. (Romanos 6:5)

Gracias, Alex. Fuiste quien me animó a hacer públicos mis escritos. Jamás pensé que alguien los leería. Tú, el cerebro; yo, el corazón… te amo hasta que la muerte nos separe.

PRÓLOGO

¿POR QUÉ UN LIBRO SOBRE LÁGRIMAS?

PORQUE ELLA ME LLAMÓ llorando con la clase de llanto que silencia las palabras. Supe que era ella porque su nombre aparecía en la pantalla del celular. Hacía poco que había perdido a su compañero de toda la vida… pero su llanto iba más allá de eso. Cuando pudo hablar, me dijo: *Perdóname, por favor… perdóname por llamarte llorando… pero no puedo dejar de llorar y eres la única que vino a mi mente para poder hacerlo.*

Dos fuertes sentimientos chocaron entre mi estómago y mi corazón: una tremenda gratitud, porque pensaba que yo era de las personas con las que se puede llorar en plena crisis, y una tremenda angustia, porque pareciera que hay escasez de personas que presten su hombro para llorar con soltura… no sé.

Algo anda mal.

Llegué a su casa y me abrió la puerta con los ojos hinchados de tanto llorar y una expresión de vergüenza que no pude resistir. La abracé con fuerza… Si yo era a la que había llamado, debía recibir un abrazo que valiera por los cien que debió haber recibido de los que la rodeaban, pero que no recibió.

Comenzó a contarme cómo mucha gente de su misma congregación la hacía sentir condenada por no «superar» la muerte de su amado; o peor aún, porque quizás había sido por «falta de fe» que había muerto… *el corazón roto del cristiano que sufre queda pulverizado cuando la gente que debería ser como Jesús se parece más a los amigos crueles de Job.*

Una amiga me tocó el hombro en una reunión social y me dijo que una de sus invitadas quería saludarme. Me levanté con gusto y fui. Ella tenía un semblante que delataba sufrimiento; esa mirada que le pertenece a una mujer que no ha dormido de corrido en meses. Su postura denotaba cansancio, pero se esforzaba por estar presente. Conectamos las miradas y me dijo llorosa: «Me gusta escucharla cuando enseña porque usted enseña para la gente como yo… personas a la que la vida no le ha salido bien…». La abracé y lloré.

Luego, supe que hacía un año y medio que su esposo estaba desaparecido, y ella vivía en esa zozobra espantosa. Sin respuestas. Y el mundo seguía su curso.

Puedo decirles que conozco demasiadas historias de gente que llora sola,en medio de una multitud que la ignora o la condena.

Por mucho que queramos esquivarlo o «declarar» otra cosa, los hechos son irrefutables y las palabras de Jesús son verdad, cuando dijo que en este mundo tendremos aflicción. Es cierto, Él ha vencido, pero fallamos si no hacemos una pausa y lamentamos profundamente y lloramos la primera parte. La victoria de Jesús se ve más gloriosa cuando dejamos de negar nuestra aflicción.

Hace poco tiempo, en nuestra ciudad (Guatemala), hubo un derrumbe que devastó una comunidad llamada El Cambray. El derrumbe no esquivó a los cristianos del lugar; es más, una congregación estaba realizando una celebración para sus niños y murieron muchos.

Es un verdadero enigma cómo tantos cristianos siguen insistiendo en que la vida abundante solo se hace evidente si gozamos de salud perfecta, familias perfectas y cuentas bancarias perfectas, cuando, en realidad, la evidencia bíblica y vivencial es simplemente otra. Me impresiona cómo nos ilusionan nuestros propios trucos y es como si jugáramos a las maquinitas en Las Vegas… creemos que, en cualquier momento, jalaremos de esa palanca y por fin todo se alineará exactamente para ser como pensamos que debería ser.

Cuando veo a gente que llora sola, siento sobre mí algo que se asemeja a una nube negra llena de dolor y preocupación. Aún más me entristece la gente que cree que seguir al Señor es irse cantando por el camino amarillo hacia Oz. ¡Me consterna porque nos perdemos a Jesús! ¡Nos entretenemos con espejismos de gloria momentánea, cuando hay una gloria eterna que no se le compara!

Ser cristianos es haber oído la voz del Buen Pastor, volvernos del camino por donde íbamos y seguirlo por donde Él manda. Los caminitos por los que nos lleva son difíciles y estrechísimos, pero el punto es que justamente allí es donde nos acerca a Él y nos moldea para parecernos a Él mismo. He llegado a saborear la dulzura de Jesús porque he probado la amargura de este mundo roto. No podría entender y mucho menos celebrar la victoria de mi Rey, sin antes aceptar la aflicción que este mundo le trajo a Él y a mí.

La aflicción puede venir en forma de cáncer, muerte, fracaso financiero o adicción. Puede venir de afuera, pero es más frecuente que la vivamos en la lucha que se sostiene dentro de nosotros mismos. Las lágrimas que derramamos por nuestro propio quebranto también son parte del dolor que experimentamos dentro de la nueva vida que recibimos. Al abrir la ventana para ver dentro, descubriremos que esa debilidad, increíblemente, tiene el potencial de acercarnos a los demás miembros del cuerpo y así, juntos alegrarnos en la misma esperanza que todos compartimos. Al final, esta pelea que sostenemos por dentro nos obliga a elevar la mirada y descubrir que existe algo más; Alguien más, que nos llama a un propósito eterno.

Este libro no es un instructivo con pasos A, B y C de cómo lograr X o Y. Es una colección de escritos sueltos que nacieron de la necesidad y que comparten un hilo común: los dolores de habitar un mundo caído mientras vemos en fe y con profundo gozo a un Rey Jesús triunfante que regresa a reinar por siempre. Mi oración es que esta compilación sea un bálsamo sobre heridas que están escondidas y un despertador para los que quizás aún no han tenido que atravesar una pérdida o angustia profunda. Es también para aquellos que están en un proceso de negación y les cuesta comprender que llorar es parte del plan de Dios para la salvación. Si queremos parecernos a Jesús, esto incluirá lágrimas. Y esto es bueno. De verdad.

1

EL DESPERTAR

ROTO

UNOS CUANTOS DÍAS Y nos despistamos. Un par de páginas y lo arruinamos; nos dio todo, pero dudamos que sería suficiente... y caímos.

La situación era perfecta. Literalmente perfecta. Sin espinas los rosales, sin pulgas los perros, sin alergias las narices, sin tumores los cuerpos, sin hambre de cebras los leones, sin estorbos para estar juntos... Perfecta. Y, sin embargo, le creímos a la resbalosa que sembró una duda que creció como maleza en los corazones, casi instantáneamente.

¡No es cierto, no van a morir! Dios sabe muy bien que, cuando coman de ese árbol, se les abrirán los ojos y llegarán a ser como Dios, conocedores del bien y del mal. (Génesis 3:4-5)

Así dijo el diablo vestido de reptil... y nuestros ojos vieron esa fruta, se nublaron y comenzamos a ver todo torcido. Ese fruto que colgaba del árbol se vio deseable y nuestras bocas salivaron con la idea de jugar a traicionar, de jugar a ser Dios, de tirar a la basura el plan original de ser simples criaturas, sujetas y resguardadas por un Creador y Papá soberano y bueno. Preferimos la orfandad. La independencia. Vivir a la deriva de nuestras propias decisiones. Todo eso pasó en una sola mordida. Todo antes de eso era perfecto, lo que comprueba que nuestro problema más grande no está afuera, sino que nos habita.

Debe decirse en plural. Arruinamos. Nos distrajimos. Le creímos. Preferimos. Caímos. Lo escribo en plural porque Adán, Eva y nosotros compartimos la misma materia prima. Ninguno está hecho de otra cosa. Todos estábamos contenidos en ese primer hombre. Él nos representó como un atleta en las olimpiadas, y perdimos todos junto con él.

Por medio de un solo hombre el pecado entró
en el mundo, y por medio del pecado entró
la muerte; fue así como la muerte pasó a
toda la humanidad, porque todos pecaron.
(Romanos 5:12)

Todos. Y a Dios se le rompió el corazón. No se sorprendió, pero aun cuando un papá conoce las debilidades de sus hijos y puede anticipar sus faltas, nada lo vacuna contra los nudos en la garganta y las cicatrices en el alma. Aquellos dos a quienes Él les había soplado Su propio aliento para hacerlos eternos, a quienes había puesto nombre, a quienes vio bellos, trituraban esa relación cercana con cada mordida.

Ese fruto arrancado hizo evidente que no podemos mantenernos cerca de Él en nuestra propia fuerza. Tan pronto como pudimos, inventamos otra historia, llena de mentiras. Quedó comprobado que necesitaríamos la intervención de Su gracia segundo a segundo.

Ese día, con esos mordiscos, rompimos Su corazón y rompimos la única posibilidad de ser completamente felices. La mano pudo extenderse para tomar el fruto solo porque nos soltamos de la mano más segura. Con ese movimiento, le dijimos al Señor:

«NO CREEMOS QUE NOS AMES COMO DICES... LO QUE DAS NO ES SUFICIENTE... TU IDEA DE FELICIDAD DEBE SER REMENDADA...».

Pecamos...

Esa traición de proporción cósmica rompió el corazón de Dios y desarticuló todo el universo. Cuando Adán y Eva pensaron que solo abrirían la entrada unos pocos milímetros y que tendrían el poder de cerrarla cuando quisieran, la muerte vio la oportunidad, pateó la puerta hasta tirarla, entró al jardín y el huerto dejó de ser lo que Dios había soñado. Así empezó la pesadilla que hasta hoy vemos: espinas en los rosales, pulgas en los perros, alergias en las narices, tumores en los cuerpos, los leones con hambre de cebras y un gran abismo que nos separa del Señor.

Roto.

Y, misteriosamente, Dios ya lo sabía.

Se dice por allí que es imposible recibir la Buena Noticia sin antes recibir la mala. En Adán, todos pecamos. Y desde allí, todos nacemos con hambre de la misma fruta y con la misma vista distorsionada. Manchados de lo mismo. Enfermos terminales. Rebeldes sin poder entenderlo por completo. Y la muerte se extendió por todos lados.

Pero la transgresión de Adán no puede compararse con la gracia de Dios. Pues, si por la transgresión de un solo hombre murieron todos, ¡cuánto más el don que vino por la gracia de un solo hombre, Jesucristo, abundó para todos! Tampoco se puede comparar la dádiva de Dios con las consecuencias del pecado de Adán. El juicio que lleva a la condenación fue resultado de un solo pecado, pero la dádiva que lleva a la justificación tiene que ver con una multitud de transgresiones. Pues, si por la transgresión de un solo hombre reinó la muerte,

con mayor razón los que reciben en abundancia

la gracia y el don de la justicia reinarán en

vida por medio de un solo hombre, Jesucristo.

(Romanos 5:15-17)

Las manos egoístas que se extendieron para arrancar el fruto que dejaría esparcidas las semillas de la muerte se revirtieron en el espejo de la cruz, donde el Segundo Adán extendió Sus manos para darnos a comer el pan que satisface para siempre; pan del cielo, pan hecho de la única Semilla de vida, molida. El único Trigo que haría posible que viviéramos en verdadera y eterna abundancia.

El primer Adán salió del jardín porque no se puede habitar con el Padre si se duda de Su amor y se quiere reinar sin reconocer Su soberanía sobre todas las cosas. El trono lo ocupa solo uno. No se puede pecar y habitar en Su santidad al mismo tiempo. Pero, en Su justicia, al darnos los que merecíamos y sacarnos de Su presencia, Dios no nos despidió desnudos; nos vistió provisionalmente con pieles... con un amor inextinguible, porque es Padre y ningún padre se alegra de ver a los hijos que ama desconfiar del plan empapado de amor que ha provisto para protegerlos y, sobre todo, para tenerlos cerca.

Adán y Eva procuraron esconderse. Se sabe que, cuando hay aislamiento, un espíritu está muerto o en proceso de morir. La relación abierta con Dios es la vitalidad del espíritu de un hijo, y la comunidad verdadera es un síntoma de su salud. Cuando tomaron del fruto, Adán y Eva huyeron el uno del otro y, avergonzados, huyeron de Dios. Trataron de remediarlo por sus propios medios: con hojas de higo. Nuestra necedad siempre nos lleva a la vergüenza y luego a tratar de solucionarlo con más error; pero Dios, en Su misericordia, nos llama.

«¿DÓNDE ESTÁS?», LE DIJO EL SEÑOR A ADÁN... Y A NOSOTROS.

Rompimos la regla que nos guardaría y le rompimos el corazón al que la estableció porque nos ama. Estoy segura de que se compadeció de nosotros porque nos hizo vestidos mejores que los atuendos ridículos con los que pretendíamos taparnos, y aun así... esas pieles no serían suficientes para proveer el calor necesario ni podrían cubrir toda nuestra culpa. Por eso nos dio una promesa: vendría un Cordero cuya muerte proveería no solo piel para darnos calor y cobertura, sino Su cuerpo entero y Su sangre, para darnos redención y vida nueva.

«LOS QUE RECIBEN EN ABUNDANCIA LA GRACIA Y EL DON DE LA JUSTICIA —COMO DICE ROMANOS 5:17—,

REINARÁN EN VIDA POR MEDIO DE UN SOLO HOMBRE, JESUCRISTO».

Todo será hecho nuevo; regresaremos al jardín perfecto. Y no solo se trata de ser absueltos del crimen… ¡Reinaremos! En el Salvador Jesucristo, vestidos con Su justicia perfecta, resguardados en Su sujeción incomparable y debido a que ha sido cubierta nuestra vergüenza, es que podemos regresar a Sus brazos; todavía sin verlo, pero viviendo en la esperanza viva de que ya viene el día en que lo haremos, aun si, por el momento, este mundo está todavía roto.

El lobo vivirá con el cordero,
el leopardo se echará con el cabrito,
y juntos andarán el ternero y el cachorro de león,
y un niño pequeño los guiará.
La vaca pastará con la osa,
sus crías se echarán juntas,
y el león comerá paja como el buey.
Jugará el niño de pecho
junto a la cueva de la cobra,
y el recién destetado meterá la mano
en el nido de la víbora.

No harán ningún daño ni estrago

en todo mi monte santo,

porque rebosará la tierra

con el conocimiento del Señor

como rebosa el mar con las aguas.

(Isaías 11:6-9)

LLORAR Y BAILAR

LLORÉ AL VER LA belleza que no había solicitado. No la engendré ni la busqué. Pero vino a mí porque Él la envió. Lo vi deleitándose en mí, lo vi con ojos llenos de amor. Me vio y me sacó a bailar mientras seguía dirigiendo la orquesta con una bella melodía. Lo rechacé y, de todos modos, me amó. Siguió dirigiendo el vals, como si me importara. Al principio, sonaba como cualquier cosa, pero era como si, con cada nota, se me fueran abriendo los oídos y fuera escuchando que me amaba en cada tonada. Y, sentada allí, en el salón al que había entrado sin sentir, lo vi realmente por primera vez. Vi el color de sus ojos y la sonrisa que me invadió el alma; vi los colores como nunca antes, y las lámparas que colgaban jamás tuvieron mayor destello. Mi corazón comenzó a latir y mi cabeza empezó a seguir el ritmo.

Mientras me conmovía, me aterraba pensar en cuántas veces lo había rechazado y me había burlado. Me vi vestida andrajosa en esta gala a la que me habían llevado. Lloré de dolor y lloré de amor. ¿Quién puede amar así?

Pero, mientras sonaba su canción, me extendió su mano poderosa, que no parecía de director de orquesta, sino de carpintero, y me rodeó como un papá hace con su hija de quince años, y me hizo bailar. Y lloramos Él y yo, porque me tenía. Al fin, me tenía. Y, mientras yo confiaba en su paso, empecé a sentir como si la melodía no fuera nueva y la hubiera sabido desde siempre; empecé a recordarla... y comprendí que no hay vida afuera de Sus brazos y que nací para este vals.

Entendí que no se llega aquí por voluntad propia, sino solo por Su amor. Volteé y vi a miles de otras «quinceañeras» a mi alrededor, conmovidas por ese mismo amor. Ninguna vino porque quiso. El Padre las trajo para demostrar que lo suyo es amar y redimir, traer al baile a las que menos pensamos que lo queremos pero que más lo necesitamos. Y, desde ese día, confío y lo veo. Oigo y creo. Lloro y bailo.

Eso fue lo que hizo con el pequeño Israel, un pueblo escogido para demostrar el poder de un Dios vivo, temible y tierno, que salva... un pueblo que ha sido expandido por amor, a través de Jesucristo Su Hijo.

El Señor se encariñó contigo y te eligió, aunque no eras el pueblo más numeroso sino el más insignificante de todos. Lo hizo porque te ama y quería cumplir su juramento a tus antepasados; por eso te rescató del poder del faraón, el rey de Egipto, y te sacó de la esclavitud con gran despliegue de fuerza. (Deuteronomio 7:7-8)

LAS TENIS ROSADOS

AL MOMENTO DE MI rescate, mi corazón venía programado con deseos idénticos al de mis vecinos no creyentes. Era un corazón que latía, pero estaba muerto. Yo quería y me afanaba por exactamente las mismas cosas que los demás: el trabajo, la casa, la ropa, la vida de ensueño. Mi corazón sin Cristo quería lo que cualquier corazón vacío de esperanza quiere; un corazón naturalmente late al ritmo de lo que ama en ese momento, y mientras nuestro amor por Jesús no crece, nuestros deseos egoístas continúan. Ahora, yo creía tener un arma secreta que me lo daría: Jesús.

Eso de pedirle a Dios que nos dé exactamente lo que nuestro corazón desea trae un problema, porque como lo dijo el profeta de la antigüedad:

> *Nada hay tan engañoso como el corazón. No tiene remedio.* (Jeremías 17:9)

Lo digo yo…

Tengo varios años caminando bajo la poderosa mano soberana de Dios, ¡y le agradezco con todas mis fuerzas que no me haya concedido muchos de los deseos de mi corazón!

Si me hubiera concedido todo lo que le he pedido, tendría un chimpancé (petición de mi yo de diez años) y unas zapatillas ochenteras de bota color fucsia (petición de mi yo de doce años).

Más adelante, pediría acerca de asuntos menos frívolos. Recuerdo una noche en que tenía a mi primogénita de unos cuantos días de nacida, y le rogaba a Dios que no se despertara otra vez con gas, solamente para darme cuenta de que en ese ejercicio —*aparentemente interminable*— de velar y atender a sus llantos, Dios estaba revelándome su carácter y desarrollando el apego entre las dos. Empecé a conocer quién es Él a través de las peticiones que no me concedía tanto como de las que sí. Varias veces, he oído decir a Tim Keller lo que escribió en su libro *La oración*:

«SI SUPIÉRAMOS LO QUE DIOS SABE, PEDIRÍAMOS EXACTAMENTE LO QUE ÉL NOS DA».[1]

Mi corazón no es de fiar. El Señor siempre sabe más. A veces, su voluntad me sabe mal, pero me hace mucho bien.

Para los cumpleaños, oigo mucho: «¡Que el Señor conceda las peticiones de tu corazón!». Ese saludo cariñoso

cristianizado viene del Salmo 37, y realmente lo cortamos
donde nos gusta y nos quedamos con la mitad que se centra
en nosotros; una trágica edición del texto... y de la vida.
Decimos y cantamos que Jesús es el centro, pero creo que, a
menudo, nos estamos engañando. Un montón de gente que se
llama a sí misma cristiana no tiene a Jesús como Señor, como
Rey. Lo tienen como traté de tenerlo yo: como un genio de la
lámpara, un consultor, un ayudante, un mago que me debería
dar de una manera u otra lo que yo pienso que es bueno,
porque

«YO SOY BUENA GENTE Y SIRVO CUIDANDO BEBÉS EN LA SALA CUNA Y YA NO DIGO MALAS PALABRAS...».

Eso tiene nombre: religión. Es hacer cosas para procurar
poner a Dios en deuda, sin ver que, en realidad, Él no nos
debe nada.

Pasé años sin ver la belleza cautivante y sin par de Jesús
y, por eso, no lo veía como el verdadero tesoro de mi vida, mi
promesa cumplida. Debía haber más. Yo estaba enrolada en
un estilo de vida de iglesia, llena de actividades, mientras mi
corazón seguía insatisfecho y buscando lo mismo que había

querido desde el principio, hasta que vi claramente: o uno mira a Jesús como ese Rey majestuoso, indescriptiblemente bello y poderoso, o lo ve como alguien útil, con quien vale la pena hacer «sociedad» para alcanzar eso otro que sí consideramos realmente bello y absolutamente necesario. ¡Qué arrogancia!

¿Qué pedimos?

Yo no pedía cosas evidentemente malas, pero he llegado a entender que, si Jesús no es mi petición principal, cualquier otra nos va a dejar muertos.

Es un peligro pensar que necesitamos algo extra a Jesús. ¡Más que peligroso! ¡Mortal! Este camino por el que me lleva me está dejando claro que todo es por Él y para Él, y que no puedo poner mi esperanza en lo que, de cualquier modo, voy a perder; aun si es lindo y bueno: mi familia, el ministerio, mi salud y los bienes que pueda almacenar…

El versículo completo es «*Deléitate en el Señor* y él te concederá las peticiones de tu corazón» (énfasis agregado). La verdadera potencia y sentido está en esa primera parte. Si no me deleito o encuentro mi descanso y alegría en el Señor, voy a estar toda la vida pidiendo lo que pienso que necesito para estar bien, y voy a tratar a Jesús como mandadero, en lugar del fin supremo.

Y, si abrimos la toma y vemos más el panorama, el salmo en contexto dice:

No te irrites a causa de los impíos

ni envidies a los que cometen injusticias;

porque pronto se marchitan, como la hierba;

pronto se secan, como el verdor del pasto.

Confía en el SEÑOR y haz el bien;

establécete en la tierra y mantente fiel.

Deléitate en el SEÑOR,

y él te concederá los deseos de tu corazón.

Encomienda al SEÑOR tu camino;

confía en él, y él actuará.

Hará que tu justicia resplandezca como el alba;

tu justa causa, como el sol de mediodía.

(Salmo 37:1-6)

Quizás lo que pasa con muchos cristianos es que siguen deseando lo que poseen aquellos que viven sin perspectiva eterna, y esconden su irritación en peticiones egoístas. Vivir suspirando y, como muchos hacen, *declarando* que ese puesto, ese auto de lujo, ese asunto irresuelto llegará, y tener allí nuestra esperanza, es como caminar sobre hielo. Muy resbaloso y peligroso. Vivir pendiendo de nuestros propios deseos es vivir sostenidos por un hilo de telaraña. El daño es mucho, porque ponemos nuestra esperanza en que eso que pensamos nos hará felices… El corazón que tiene al Señor como suficiente deja de estar irritado y envidioso por lo que no tiene, y pasa a estar confiado y a deleitarse al encomendar a Él su camino. Tener a Jesús en el centro significa que nuestro anhelo más profundo es Él, al costo que sea. Deleitarme en Él significa que el alivio de mi vida y la alegría más deliciosa que existe para cada átomo de mi existencia es quién es Él y no lo que pueda darme. *El deleite del redimido está en la relación*, es decir, que el sabor más anhelado por el que ha recibido el regalo de la adopción divina es la cercanía que provee ese nuevo Padre al tenernos bajo Su brazo protector. Sin el consejo completo de la Biblia, pedimos un montón de pamplinas egoístas, como afirma Santiago 4:3:

> *Y, cuando piden, no reciben porque piden con malas intenciones, para satisfacer sus propias pasiones.*

Dios nos rescata por amor, nos muestra nuestra podredumbre, nos llama al arrepentimiento y nos da *hambre y sed de justicia.* No de las cosas que tienen las Kardashian o de los eventos de Pinterest; ¡ni siquiera de relaciones perfectas! Al empezar a amar la Biblia, el corazón deja el ropaje viejo como una culebra deja su piel, y desea otras cosas que, de hecho, no son cosas. Cosas que hacen que mis vecinos que aún no conocen a Jesús personalmente cuestionen mi salud mental. Cosas que, en realidad, son vehículos que nos llevan a postrarnos con la cara en el piso para adorar a Dios. La Biblia y la revelación del Espíritu Santo al leerla nos van afinando el gusto, el olfato y la vista espirituales.

Nuestra cuarta hija llegó a nosotros cuando tenía nueve años y medio. Era nuestra segunda adopción. Poco tiempo después de llegar a casa, fui a presentársela a una vecina a la cual le guardo cariño. Ella me miró con una mezcla de estupor y vergüenza ajena. Me miró con ojos extrañados y, después de un pequeño silencio, se llevó la mano a la cabeza y pronunció palabras que tenían más tono de condolencia que de cualquier otra cosa. ¡No tiene sentido alguno lo que decidimos los López García! A sus ojos, estamos bien locos. Y así debe ser. Deleitarnos en el Señor nos cambia los deseos. Nuestra comodidad se va a un segundo, tercero, ¡o cuarto plano! Nuestra vida empieza a ser inexplicable para este mundo.

Steve Brown, un predicador y profesor de teología de vozarrón profundo, le dijo a un grupo de muchachos recién entrados al seminario: «Yo no oro para que Dios los mantenga a salvo y que jamás les pase nada… eso oran sus papás. Yo oro para que Dios los lleve a un punto tal que no tengan otra

alternativa más que depender de la sola gracia del Padre».
Qué atrevido y qué atinado.

Debo confesar algo. Aun habiendo tomado decisiones fuertes, como adoptar dos veces, yo no siempre lo quiero a Él más que a otra cosa. Mentiría. Mi corazón de oveja es terco y torpe y se distrae. Todavía peleo con mi carne a diario, soy egoísta, quiero las cosas fáciles, sí me «irrito a causa de los impíos»... Hay días en que me pregunto: *¿En qué estábamos pensando?* Pero mi Pastor es el más bueno y paciente, y me da de regalo un corazón que inexplicablemente late más fuertecito por Él cada día. Me sostiene, me guía por sendas de justicia por amor de Su nombre. Por eso, el Salmo 37 sigue diciendo:

> *Guarda silencio ante el Señor,*
> *y espera en él con paciencia;*
> *no te irrites ante el éxito de otros,*
> *de los que maquinan planes malvados.*
> *Refrena tu enojo, abandona la ira;*
> *no te irrites, pues esto conduce al mal.*
> *Porque los impíos serán exterminados,*
> *pero los que esperan en el Señor heredarán*
> *la tierra.*

Si lo que quiero es que Dios me conceda lo que mi corazón limitado desea, entonces no estoy entendiendo que Su propósito va más allá de lo que puede hacerme sentir contenta por ahora. Hay una correlación clara entre seguir nuestros deseos y la insatisfacción (y hasta el enojo). Deleitarnos incluye guardar silencio, esperar confiadamente, y no necesariamente para que Dios nos dé lo que deseamos, sino gozando porque lo que más necesitamos es que Él alinee nuestros deseos a Sus deleites, sabiendo que heredaremos la tierra. ¿Quién quiere otra cosa después de conocer esa verdad?

Es que la prueba de que Él es nuestro Papá es que buscamos Su mirada más que Su mano. Su presencia más que Sus regalos. A medida que caminamos con Él, nos deleita Su compañía y Su ritmo al caminar, más que adónde nos lleva... La maravilla es... ¡que nos lleva hacia Él! ¡Él será nuestro hogar permanente! Orar es practicar anticipadamente lo que anhelamos hacer por siempre: disfrutar de responder al gran amor que nos ha mostrado el Padre.

Yo solo quiero que me dé o me quite lo que sea necesario para atesorarlo a Él como el mayor deleite de mi vida. Jesús no es el medio para conseguir lo que mi corazón caído desea. Él es nuestra meta y todas las cosas sirven para que veamos que Él es todo. Deseo quererlo más que a cualquier otra persona o cosa. Eso pido. Quererlo.

Si lo que pedimos es tenerlo a Él, jamás nos vamos a quedar sin recibirlo. Por eso, yo no voy a desear que te conceda nada sin antes pedir que tu mayor petición sea Él. Ese es el deseo de un corazón que fue traído a la vida por el electrochoque de la gracia, en una cruz donde un Rey que no era de este mundo murió pidiendo que nos perdonaran. Jesús. Mi Pan del cielo que sacia mi hambre eterna. Mi regalo incorruptible. El tesoro que ya tengo, pero que me espera; porque después de salir de la tumba, nunca más puede morir; y aquel que, con certeza, disfrutaré para siempre.

Lo que pedimos revela cuál es nuestra verdadera esperanza y alegría. ¿Qué pedía Pablo por los que amaba? Que conocieran mejor al Señor. Que lo vieran. Que supieran que Él era su riqueza. ¡Gracias al Señor porque muestras de esas oraciones quedaron registradas para nosotros!

Esto es lo que pido en oración: que el amor de ustedes abunde cada vez más en conocimiento y en buen juicio, para que disciernan lo que es mejor, y sean puros e irreprochables para el día de Cristo, llenos del fruto de justicia que se produce por medio de Jesucristo, para gloria y alabanza de Dios. (Filipenses 1:9-11)

Pido que el Dios de nuestro Señor Jesucristo, el Padre glorioso, les dé el Espíritu de sabiduría y de revelación, para que lo conozcan mejor. Pido

*también que les sean iluminados los ojos del
corazón para que sepan a qué esperanza él los
ha llamado, cuál es la riqueza de su gloriosa
herencia entre los santos.* (Efesios 1:17-18)

Lo que pedimos revela lo que ha capturado nuestro corazón y en qué tenemos nuestra esperanza... por eso, Pablo desbordaba en peticiones que acercaran a los que amaba al Señor, porque su pasión era Él y Su reino. Si aún pensamos que teniendo X o Y se nos resuelve la vida, todavía no conocemos al Señor y lo vemos como complemento a nuestra vida, no como fuente de verdadera vida. He aprendido que Dios puede darme lo que sea. También he aprendido que lo que más quiere que tenga, ya me lo dio.

Como dicen los niños: «El dueño de la pelota manda». Lo maravilloso del asunto es que este Dueño es el más amoroso y bueno que jamás haya existido o existirá. Es paciente y no nos ha dado lo que merecemos (la muerte), sino exactamente lo opuesto: gracia en Su único Hijo.

«Así que acerquémonos confiadamente al trono de su gracia» (Hebreos 4:16), y sepamos que «confiadamente» no es con aires de superioridad o sintiéndonos merecedores de Su atención o respuestas. No nos acerquemos con demandas sino con humilde súplica, con cercanía cálida y con alegría de que lo mejor ya nos ha sido dado.

Presentemos cada necesidad y deseo al Señor, porque es bueno y es el que más se preocupa por darnos lo que necesitamos y, a medida avancemos en conocerlo en la Palabra, nuestras oraciones se tratarán más de lo que tiene un peso eterno y menos de lo que se va a terminar algún día.

Entre Navidad y Parusía

TAL VEZ ESA ANSIEDAD y depresión están allí porque no nos hemos ubicado. En realidad, no somos creyentes si pensamos que esta vida es lo único lo que hay y que, si no es un perfecto ensueño, absolutamente todo está perdido. Lo irónico es que, mientras nos atrapa este modo de pensar, todo lo que vemos es a nosotros mismos, y nuestro comportamiento va a oscilar entre la parálisis y el desenfreno. Nos delata lo que decidimos, porque decidimos según lo que esperamos.

O parálisis o desenfreno: parálisis porque, si suponemos que esta vida se trata de construir un castillo de algodón de azúcar rosado perfecto con *nuestras* manos, cada paso en falso es mortal. Entonces, no damos ninguno, por terror; nos mantenemos al margen de las relaciones, nos cuidamos de vivir en verdadera intimidad por miedo a ser vistos como frágiles y, si calculamos que hay riesgo (y siempre hay), nos vamos. Nos volvemos inservibles porque, si vivimos bajo la mentira de que es posible la perfección en este mundo —*que es en realidad un mundo roto, con gente rota*—, nuestro modo por defecto es exigir lo que no es posible obtener de algo creado. Nos ofendemos fácilmente, nos desanimamos por una mala mirada, nos tiramos al suelo cuando alguien nos falla… y al mismo tiempo, vivimos

sumergidos en ansiedad, en función de querer complacer
a toda costa. Como si se tratara de un concurso, vivimos
asediados por la eterna comparación, tenemos estándares
crueles e imposibles para nosotros y para los que nos rodean.
Se nos inunda el corazón de resentimiento y, como una maceta
regada en exceso, nos pudrimos. Esa es la parálisis.

Y al otro lado del péndulo: el desenfreno.

No es nada nuevo. Cuando leemos el libro de Eclesiastés,
es claro que su autor se dio el permiso de hacer este
experimento:

> *Me dije entonces: «Vamos, pues, haré la prueba*
> *con los placeres y me daré la gran vida». ¡Pero*
> *aun esto resultó un absurdo! [...] Consideré*
> *luego todas mis obras y el trabajo que me había*
> *costado realizarlas, y vi que todo era absurdo,*
> *un correr tras el viento, y que ningún provecho*
> *se saca en esta vida.* (Eclesiastés 2:1,11)

Si llegamos a la conclusión de que esta vida es lo único que
hay, entonces más vale experimentar todo lo que me dé placer
inmediato, porque vivo para hoy y para mí. Y si esto es lo único
que hay, entonces no importa servirme de cualquier medio o
de cualquier prójimo para obtener mi idea de felicidad. Si esto

es lo único que hay, más vale cumplir mis sueños, sin morir a mí mismo, sin ceder, sin doblegarme, mucho menos permitir el quebranto, y no hay moral que alcance a frenar un corazón ciego y sediento de satisfacerse a sí mismo. Hasta la moral tiene hoyos por donde se cuela el ego enfermo, y nacemos predispuestos a alimentarlo, no a matarlo.

Recientemente, en mi país, Guatemala, se desempolvó el debate en torno al aborto. No tengo páginas suficientes para exponer el caso en contra de la aberración que es el aborto, y no es el propósito central de este libro, pero no puedo dejar pasar esta oportunidad de dejar escrito en tinta que apoyar el aborto, en cualquier situación, expresa a cabalidad el pensamiento ausente de esperanza eterna y, obviamente, de comprensión de que cada ser humano, a diferencia del resto de las criaturas, es imagen de Dios que tiene un alma que no se puede abortar (Génesis 1:26).

Se puede observar con claridad que la mayoría de estas personas vive sin esperar la redención final, aun en círculos «cristianos». Regresan a mi memoria dos casos concretos en los que dos líderes de la iglesia, de diferentes lugares, aconsejaron abortar. Uno porque el diagnóstico del ultrasonido arrojaba malas noticias y el otro, porque era una madre de otros niños y tenía cáncer. Uno dijo: «Aunque lo tenga y lo dé en adopción, ¿quién lo va a querer?». Y el otro dijo: «Valen más estas otras vidas que la de este bebé que aún no conocen».

¡Quería gritar cuando lo supe! ¡Cuánta contradicción! Somos seres inmortales con propósito eterno, pero no podemos verlo a menos que apliquemos nuestras mentes a leer y meditar en la Biblia, en la cual Dios se revela. La cultura del aborto carece de confianza en que Dios podrá sostenernos en los trechos en los que vivamos cuesta arriba. Además, principalmente, revela un énfasis en tener la mejor calidad de vida presente, porque se está convencido de que esta es la única que hay, o de que el cielo y estar definitivamente con Jesús no es algo tan espléndido como la Biblia afirma.

Oír líderes dentro de la iglesia hablar así me indica que ellos no piensan que, con el sonido de la trompeta, amanecerá. Se parecen a la esposa de Job, que cuando entró al tiempo de mayor prueba de su vida, le dijo a su esposo:

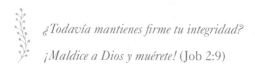

> *¿Todavía mantienes firme tu integridad?*
>
> *¡Maldice a Dios y muérete!* (Job 2:9)

Ella estaba allí para un intercambio. Mientras todo sea conveniente para mí, aquí estoy. El pensamiento predominante es vivir para hoy y vivir para mí.

¿Cómo respondió Job?

«Mujer, hablas como una necia. Si de Dios sabemos recibir

lo bueno, ¿no sabremos recibir también lo malo?» (Job 2:10).

¿No sabemos recibir de Dios lo que soberanamente manda? ¿Dónde estamos los que vivimos en esa esperanza? ¿Esperando recibir un bono para malgastarlo en placeres momentáneos? ¡No puede ser! ¿Dónde están los hombres y mujeres que aún dicen como Pablo?

[P]ara mí el vivir es Cristo y el morir es ganancia? (Filipenses 1:21).

¿Dónde están las familias dispuestas a anunciarle al mundo que lo que esperan es a Aquel que vendrá a componer todas las cosas? ¿Dónde están los que realmente creen que el reino de los cielos vale tanto que dejan todo lo demás para tenerlo?

No podemos llamarnos cristianos si escogemos una vida a nuestra medida y sin lágrimas, sin examinarnos a la luz de lo eterno. A medida que comprendemos cuál es nuestra verdadera esperanza, mi esposo y yo tomamos decisiones difíciles, no para ser más felices —aunque, en muchos respectos, lo somos—, sino porque queremos declarar con nuestro testimonio que la vida de nadie es accidente y que nuestro tiempo sobre la tierra es un vapor que se debe levantar para glorificarlo a Él, que sí podemos darnos el lujo de perder mucho... ¡de perder todo! Porque ya viene nuestra mejor vida, nuestro descanso y nuestra máxima alegría.

Más vale gastarnos en desplegar Su nombre, negándonos
a nosotros mismos y usando todo lo que nos ha dado para
hacerlo conocido.

No sería casualidad que estos trágicos consejos de sacrificar
la vida del más débil vengan de personas que enseñan que el
evangelio es básicamente un mejoramiento de vida en la tierra
y un paseo en el parque… no salvación y eternidad. Avalar el
aborto o cualquier otra práctica que nos ponga como primer
lugar a nosotros deja al descubierto nuestra incredulidad.
Realmente vivimos como si el Señor hubiera dicho algo que
no piensa cumplir y que no va a regresar. Lo negamos como
Pedro, aquel discípulo que, habiendo pasado tiempo al lado
de Jesús, tenía su agenda personal en mente, no terminaba de
comprender. Por eso, al momento del arresto, fue sobrecogido
por el pánico de la pérdida momentánea. El terror lo dominó.
No creyó. (Ver Mateo 26:69-75).

Cuán a menudo vivimos aterrados, protegiendo nuestra idea
de cómo deberían ser las cosas. Sin darnos cuenta, le decimos
al mundo que nuestro Dios no está realmente al tanto de las
cosas y nos va a dejar.

Es terrible si esto es lo único que hay y si todo lo que
somos es dueños de nuestro destino en una historia suelta.
Fríos y desconectados o locos y desenfocados. *En ambos*

extremos, comandados por el miedo. El miedo a fallar y el miedo a perdernos de la felicidad que tanto queremos. Nos volvemos dañinos en ambos casos.

Pero Dios.

El mundo empezó porque Dios lo quiso. Lo decidió y lo ordenó con Sus palabras. Así llegamos a ser. Y siempre supo que querríamos lo que no es eterno. Siempre supo que seríamos tentados a creerle a la serpiente y dudar de Su amor. Y, desde antes, trazó el plan para hacernos libres de esa distorsión, para ser la gente de una tercera posibilidad que no necesita escoger entre la parálisis o el desenfreno. Prometió un Camino. Y vino Jesús.

Navidad.

Esa primera vez, vino frágil. Toda Su majestad y poder contenida en un cuerpo limitado como el nuestro y dispuesto a obedecer perfectamente. Un cordero listo para sustituirnos en la condena que nos pertenecía, porque solo así se podía lograr nuestra adopción. Esa primera vez, el Reino bajó a besar la tierra y su suciedad, para volver a traer vida… como esa primera vez en que hizo a Adán. Y va salvando… de la parálisis y del desenfreno. Nos va salvando de nosotros mismos, de nuestra distorsión y alma obsesionada con el espejo. Se revela a nosotros en medio de Sus páginas vivas, desenredando nuestras raíces y esperanzas de este mundo que ya va a pasar, y trasladándonos al reino para el cual nacimos.

Nació para ejecutar el regreso, al dejarse ejecutar.

Sin embargo, regresará.

Regresará indestructible, coronado, a reinar definitivamente.

Parusía.

El apóstol Juan lo escribió en el libro de Apocalipsis:

> *¡Miren que vengo pronto! Traigo conmigo mi*
> *recompensa, y le pagaré a cada uno según lo que*
> *haya hecho. Yo soy el Alfa y la Omega, el Primero*
> *y el Último, el Principio y el Fin.* (22:12-13)

Y nuestra alegría se encuentra en el versículo siguiente:

> *Dichosos los que lavan sus ropas para tener*
> *derecho al árbol de la vida y para poder entrar*
> *por las puertas de la ciudad.*
> (Apocalipsis 22:14)

Su segunda venida. Lo prometió y será así. Y vivimos para eso. Vivimos muriendo a nosotros porque vivimos para Aquel que murió y vive.

Somos la gente «del medio», la gente de la tercera posibilidad. La gente que espera… que *lo* espera. Sabemos que regresará y ese día veremos a todo color… ahora, todo es un espejismo, una sombra. Las alegrías no son lo que serán y las tristezas dejarán de existir. Eso nos explica y nos sostiene a los que somos suyos.

Me gusta acercarme a lugares donde es simplemente imposible negar el quebranto de este mundo. Allí, compruebo que muchísimo de lo que se enseña en la tele y en los libros más vendidos, incluso en círculos cristianos, no es verdad. No. Nuestra mejor vida no es ahora. Llego a la Misión Internacional de Justicia en Guatemala y veo funcionar una oficina como hormiguero. El equipo es aguerrido y de una ética laboral ejemplar. Defienden legalmente a niños víctimas de abuso sexual y ayudan a fortalecer el sistema de justicia local.

Hace poco, saludé a la subdirectora, la tomé de la mano y le expresé lo que me digo en los días difíciles: la pelea que están llevando vale la pena, aunque pareciera que la maldad va ganando y que falta demasiado. Fuimos llamados a indignarnos y luchar por lo que indigna al Señor. Él regresará a hacer justicia perfecta. Ningún crimen quedará impune, ninguna víctima quedará en vergüenza y todos verán que estábamos peleando por algo que Él mismo vendría a terminar perfectamente. Él reinará con justicia. Lo veremos.

Y sus ojos se llenaron de lágrimas.

La gente que afronta todos los días este tipo de devastación, no puede ser sostenida con «pensamientos positivos» o buenos deseos. Tampoco puede meter el desastre debajo de la alfombra; lo confronta. Las víctimas tienen nombre y apellido. No son estadísticas que se esfuman con decir: «Qué horror... Dios los ayude... pásame el azúcar». Solo la esperanza viva de que habrá una redención final alimenta el deseo de perseverar y permite conciliar el sueño cada noche.

Jesús vino a establecer Su reino, y regresará a reinar en perfección. Seremos felices por fin, no habrá ni siquiera pelea con nosotros mismos. Ni el diablo, ni nuestra carne, ni este mundo tendrán más chance. Llegará el día. Se acabará la distorsión.

Vivimos entre Navidad y Parusía. Entre Sus dos venidas. Este mundo está roto pero se asoma la esperanza. Somos la gente de la tercera posibilidad, gente que se une a Pablo para declarar libremente:

De hecho, considero que en nada se comparan los sufrimientos actuales con la gloria que habrá de revelarse en nosotros. La creación aguarda con ansiedad la revelación de los hijos de Dios, porque fue sometida a la frustración. Esto no sucedió por su propia voluntad, sino por la del que así lo dispuso. Pero queda la firme

esperanza de que la creación misma ha de ser liberada de la corrupción que la esclaviza, para así alcanzar la gloriosa libertad de los hijos de Dios… Sabemos que toda la creación todavía gime a una, como si tuviera dolores de parto. Y no solo ella, sino también nosotros mismos, que tenemos las primicias del Espíritu, gemimos interiormente, mientras aguardamos nuestra adopción como hijos, es decir, la redención de nuestro cuerpo. Porque en esa esperanza fuimos salvados. Pero la esperanza que se ve ya no es esperanza. ¿Quién espera lo que ya tiene? Pero, si esperamos lo que todavía no tenemos, en la espera mostramos nuestra constancia.

(Romanos 8:18-25)

El rugido es canto

—Simón, Simón, mira que Satanás ha pedido
zarandearlos a ustedes como si fueran trigo. Pero yo
he orado por ti, para que no falle tu fe. Y tú, cuando
te hayas vuelto a mí, fortalece a tus hermanos.

—Señor —respondió Pedro—, estoy dispuesto a
ir contigo tanto a la cárcel como a la muerte.

—Pedro, te digo que hoy mismo, antes de que
cante el gallo, tres veces negarás que me conoces.
(Lucas 22:31-34)

JESÚS, SIENDO DIOS, SABÍA lo que vendría y se lo
anticipó a Su querido amigo Pedro. El plan de rescate debía
cumplirse a cabalidad, e incluía experimentar el abandono de
los que decían ser incapaces de dejarlo. Pedro no le creyó en
el momento, pero unas horas después, el gallo confirmaría que
Jesús jamás miente y nunca se extraña de nuestra inconstancia.
Pedro lo negó y, al hacerlo, lo dejó.

Es increíble que nos sorprenda nuestra maldad, porque a
Jesús jamás le ha sorprendido. Sabe que somos de barro, aun si

perdemos el tiempo haciéndonos pasar por cristal.

Él regresó a Pedro. Regresó porque es el Buen Pastor y amaba a ese borrego torpe que se escapó. Regresó, no porque Pedro fuera bueno, sino porque Él lo es y se lo había prometido. Y cuando vino, se paró frente a él y lo amó con tan solo mirarlo. Ese poder tienen Sus ojos. Ven a través de la estupidez y el miedo humano y, cuando nos mira, ve adentro y ve lo que puede ser. Ve lo que Su Padre ve.

Satanás finge ser un león y devora. *Jesús es el verdadero León que no regresó con un plan de venganza ni sed de sangre, sino todo lo contrario. Fue el León por cuyas venas corría sangre real y la dio toda* para ejecutar el plan maestro de rescate. Porque ese era el propósito de Su vida. De Su muerte.

La vergüenza y el dolor de Pedro al haber oído el gallo no pudieron frustrar el plan divino. Es más, lo embellecieron. Hicieron ver mejor que no depende del que quiere ni del que corre, sino de Dios, que tiene misericordia (ver Romanos 9:16). Y Él siempre tiene misericordia de los peores. De los improbables. De los traicioneros que no se creen capaces de traicionar… Cuando Jesús le anunció a Pedro que él lo negaría, también dijo que lo traería de regreso, para hacer fuertes a otros débiles.

Pedro jamás fue escogido por ser apto, sino para desplegar la gloria del que ama por amor a Su Nombre. Nunca se trató de los discípulos, sino del Maestro.

Después del gallo, quedó claro que no había posibilidad de verdadera bondad en Pedro. Quedó absolutamente comprobado que jamás podría, ni con toda su fuerza de voluntad, ser «bueno».

Entonces...

Quedaba una sola cosa: verlo venir y llorar de alegría. Porque Su noticia es salvación. Es amor gratuito e incomprensible. Es entender que la gloria es Suya, porque la salvación es Suya. Y nuestro lugar es de rodillas y nuestra actitud, las lágrimas, de ver nuestro estado terminal y de ver al mismo tiempo la cura que nos salva mientras hace una sola pregunta: «¿Me amas?».

Jesús, en efecto, fue a la cruz y resucitó como había dicho. Y marcó en Su lista de quehaceres, en Su nuevo cuerpo glorificado: «Visitar a Pedro».

¿Me amas?

La misma pregunta dicha tres veces. Como para revertir la explosión de las tres granadas que salieron de esa boca que lo negó...

Él no preguntó porque no lo supiera, sino para que quedara grabado en el aire y en los oídos del corazón del redimido. Para que aterrizara en la memoria. Los recuerdos de la negación regresarían, pero era como si Jesús estuviera asegurándose de que Pedro tuviera una respuesta para cuando lo hicieran.

Lo traicionó escondiendo la mirada, y ahora, Jesús lo estaba restaurando al permitir que le dijera «Te amo», mirándolo a los ojos. *Esa mirada y esas palabras hicieron la canción que calló al gallo para siempre.* Porque lo que Jesús hizo fue cantar. No hay otra manera de describir un rugido del León que ama a Sus ovejas. Esa canción es la fuerza y la razón por la que Pedro vivió y, muchos años después (casi al final de su vida), escribió:

> *Y, después de que ustedes hayan sufrido un poco de tiempo, Dios mismo, el Dios de toda gracia que los llamó a su gloria eterna en Cristo, los restaurará y los hará fuertes, firmes y estables.*
>
> (1 Pedro 5:10)

El sufrimiento, tal como la Biblia lo presenta, es siempre corto, porque se ve desde una perspectiva a muy largo plazo. Pedro aprendió a ver más allá de un gobierno terrenal, un plan de rescate de la situación política. Al ser restaurado, aprendió a pensar en lo que Jesús le había enseñado: «Las cosas que son del Padre, no las que son de los hombres»… y que, por ese sufrimiento, Dios mismo, ningún otro, vendría a nuestro auxilio y nos haría fuertes.

El apóstol Pedro sufrió una transformación radical y, luego de un proceso que le permitió abrazar el gran plan de la salvación eterna provista en Jesucristo, escribió con otra perspectiva. Después de haber sido el traicionero incrédulo en aquel patio, alabó a Dios en medio de persecución, sabiendo que era un peregrino en este mundo:

> *¡Alabado sea Dios, Padre de nuestro Señor Jesucristo! Por su gran misericordia, nos ha hecho nacer de nuevo mediante la resurrección de Jesucristo, para que tengamos una esperanza viva y recibamos una herencia indestructible, incontaminada e inmarchitable. Tal herencia está reservada en el cielo para ustedes, a quienes el poder de Dios protege mediante la fe hasta que llegue la salvación que se ha de revelar en los últimos tiempos. Esto es para ustedes motivo de gran alegría, a pesar de que hasta ahora han tenido que sufrir diversas pruebas por un tiempo.* (1 Pedro 1:3-6)

Pedro comprendió que vivía viendo a través de una ventana hacia otro mundo; su verdadera casa, su verdadero reino. ¡Al fin vio que había recibido el regalo del nuevo nacimiento para tener algo indestructible y puro! El motivo de su mayor alegría estaba asegurado.

Ese Cordero inmolado, Jesús resucitado, Dios tres veces santo, cantó, y ahora, junto a Pedro, canto yo.

No digan que fui buena

HOY QUE ESTOY LLENA de vida y en mis cabales, quiero pedirles anticipadamente un favor, antes de mis servicios funerales.

No se asusten, porque no tengo nada, no hay un diagnóstico ni una mala corazonada.

Es que nos pasamos la vida viendo que otros mueren, y nos hacemos los locos y nos sorprendemos, como si a nosotros no nos tocara.

¿Por qué será que nos creemos invencibles y eternos? Nos sentimos demasiado en casa en este cuerpo muerto.

Antes de que llegue mi turno, les dejo algo en claro. No se me pongan serios, que para llegar al cielo estamos.

No digan que fui muy buena, porque estarían mintiendo.

No vayan a dar un discurso que solo cuente mis triunfos y aciertos. Eso jamás daría honra a mí o a mi Maestro.

¡Qué cursi! Y qué incompleto. Si alguien se atreve a hablar así, tienen mi permiso de darle un buen cuentazo y luego un abrazo de mi parte, para que sepa que aprecio su intento.

Si tan solo fui «buena gente», ¡qué desperdicio de vida y qué desperdicio de sangre inocente!

¿Quién necesita salvación si se piensa bueno? ¿Qué gloria

conlleva rescatar a alguien que no está medio muerto?

El que diga que yo decidí entregarle mi vida a Cristo está mintiendo. Él me rescató cuando mi vida valía un bledo. ¡Fue Él! Mi rescate es un milagroso misterio. Un corazón muerto no puede salvarse solo, es necesario un Salvador, alguien que lo haga latir de nuevo.

Jesús no era una de mis opciones; no llegó porque yo lo llamara o para cumplir con mis condiciones.

No había nada que yo pudiera hacer tirada en el camino... mi enemigo me robó, me dejó gravemente herida. Quedé sin poder moverme, sin poder gritar, sin fuerzas para irme a refugiar.

Pasaron otros tipos, pero sin querer arriesgarse, me dejaron bien tirada y se apuraron a pasar.

Pero vino mi Maestro, Sus pies vi avanzar, con mi cara en el polvo, no pude ni voltear.

Él se apuró a tocarme y con fuerzas me cargó, me limpió cada herida y a su asno me subió.

Mientras iba caminando, y pensó que me dormí, lo oí orando, lloraba por mí.

Yo no pude haber ganado Su simpatía o favor. Era imposible, considerando cómo me encontró. Está claro que no fue mi fuerza, habilidad o mi valor lo que lo impresionó.

Si paró y me dio su ayuda, pagando hasta el hospital, no es porque yo pudiera pagarle, sino porque Su corazón bueno no tiene par.

Si algo bueno tengo, es que no pude esconder mis heridas y fracasos, y mi fragilidad la pudo ver. El que gana en este mundo es el que logra el éxito, pero mi éxito más grande fue haber sido hallada rota por el Rey del universo.

Si yo hubiera tenido fuerzas, o bondad siquiera un céntimo, habría pensado que fue eso que lo atrajo, y no sabría que sin Él todo es un cuento.

No hay justo, ni aun uno. No digan que fui buena, porque bueno solo hay uno.

Digan que mi mayor triunfo y felicidad fue llamarme pecadora arrepentida.

Digan que, sin ese rescate, era una mujer perdida.

Que nadie piense que me voy al cielo por lo que logré hacer; mis obras solo son fruto de que, en aquel atardecer, mi Salvación llegó y me regaló lo que no merecía. Vi cómo pagaba mi cuenta sin preguntar si lo valía… Eso me pegó a Él y me cambió toda la vida.

Si hice algo bueno, no me lo inventé yo, es que Él empieza a vivir en quienes rescató.

Así qué no sean cuenteros y no digan que fui muy buena; que, si para algo servía, era para ir corriendo a contarle a Él mis penas.

Cuenten lo que pasa cuando Él ofrece gracia, hablen de Su

gloria, y del fingir que mata. Allí está la fuerza y la belleza: en la debilidad. Que nadie piense que debe arreglarse a sí mismo para venir a ganar.

Bueno solo uno, bueno sin parar. Bueno para siempre. Bueno en verdad.

Una nota para las «Princesas del Señor»

SÍ, SI HEMOS CREÍDO en Jesús, fuimos adoptadas por un Rey, pero pareciera que muchas han entendido que lo que somos es hijas de algún magnate en Nueva York, y que somos Kylie Jenner...

Somos hijas del Rey... ¿Cuál rey? El Rey del reino que no es comida ni bebida, ni nada temporal (Romanos 14:17). El Rey que mandó a Su único Hijo a morir por una novia infiel y fea (la Iglesia) para lavarla, perdonarla y ponerle el vestido blanco que Él mismo hizo con Su perfecta obediencia, porque la ama... un Príncipe enviado a rescatar y redimir a los enemigos que tramaron matarlo... Un Príncipe que solo sabe amar sacrificialmente. Que solo sabe darse.

La única razón por la que fuimos rescatadas y hechas coherederas es para gastarnos en hablar y modelar a Aquel que nos rescató, para anunciar quién es, por amor de Su nombre.

Las hijas de *ese* Rey no son divas que se hacen pasar por espirituales e intentan de tapizar sus agendas egoístas con versículos sueltos a conveniencia... son verdaderas siervas y esclavas, al servicio de su prójimo y de Él... Están gozosas de tenerlo y anhelan que regrese, para poder por fin vivir sin el peso de este mundo y la lucha constante con el pecado. Sueñan con verlo cara a cara y amarlo sin la barrera de su egoísmo, que sabe esconderse muy bien detrás de la religiosidad.

Las princesas e hijos de ese reino saben que no son el centro del universo. Reconocen humildemente que no merecen nada, que lo que merecen es la muerte y que el Rey murió en sustitución... por Él y para Él son todas las cosas... y, por eso, todo lo que reciben, lo reciben rebosantes de gratitud. Porque todo es gracia. Todo.

Esas princesas se ensucian las manos, lavan pies, perdonan rápido y se arremangan para ir, aun si esto implica incomodidad y no tener todas las respuestas, porque tienen todo lo que necesitan. Tienen Pastor. Papá. Refugio. Obedecen porque confían, y eso las embellece. Sus estándares no se anuncian en vallas publicitarias y no se ponen de moda.

Ellas... son bellas con esa rareza incorruptible que solo resulta de pasar tiempo a solas con su Rey. Ellas desafían a su propio corazón y se rinden a diario al depender de la gracia, porque es lo único que tienen en realidad. Su bien más valioso es lo que jamás perderán, y por eso se atreven a vivir en la verdad de Su Palabra y se ríen del porvenir. Saben que sus fuerzas no alcanzarán pero que jamás ha dependido de eso llegar a la meta.

Estas princesas, las verdaderas hijas del Rey, son peligrosas. Su quietud y profundidad desconciertan a su enemigo. Su identidad ha sido enraizada en la persona de Cristo. Son princesas, pero al mundo le parecen completamente otra cosa. Su reino es otro.

Que su belleza sea más bien la incorruptible, la que procede de lo íntimo del corazón y consiste en un espíritu suave y apacible. Esta sí que tiene mucho valor delante de Dios. (1 Pedro 3:4)

Corazón siamés

HAY ÉPOCAS DE LLORAR mucho. Esas épocas son de estar en el equipo de *Los que lloran* (LQLL).

Mientras nuestra temporada de llanto está en su apogeo, la vida a nuestro alrededor sigue su curso y la belleza nos brinca en la cara, pero corremos el gran riesgo de resentirnos a ella si no tenemos cuidado.

Nosotros, el equipo LQLL, debemos entender que Dios está obrando con cada uno y sabe exactamente lo que está haciendo en cada uno, así que comparar vidas es el acto más inútil y trágico que hay. Cada miembro de nuestro equipo, LQLL, debe llegar al punto de quedarse quieto a la orilla del mar de la presencia de Dios y dejar que Su ola poderosa de misericordia rompa en nosotros todo, para que podamos saborear Su bondad aun en nuestros días negros. Aun en los días en los que el pronóstico es nublado con chance de lluvia. Aun a través del valle de sombra y de muerte, debemos rendirnos a esta verdad: Su amor por nosotros es potente e incambiable, como Pablo escribe efusivamente en su carta a los romanos:

¿Quién nos apartará del amor de Cristo?

¿La tribulación, o la angustia, la persecución,

el hambre, la indigencia, el peligro, o la

violencia? Así está escrito:

«Por tu causa siempre nos llevan a la muerte;

¡nos tratan como a ovejas para el matadero!»

Sin embargo, en todo esto somos más que

vencedores por medio de aquel que nos amó.

(Romanos 8:35-37)

Pablo anima a esta iglesia en Roma sin negar la dura realidad sino, más bien, recordándole lo imposible que es separar a Dios del gran amor que nos tiene. Esa es una declaración de amor que no puede ser eliminada en medio de nada. Es muy conocido y popular el pedacito que dice que somos más que vencedores en aquel que nos amó… no olvidemos ver alrededor de él: está hablando de un contexto difícil, de persecución, donde no necesariamente los seguidores de Jesús estaban saliendo con vida. Vencer es seguir creyendo que somos Suyos y que nos ama, aun si pareciera que estamos perdiendo. Solo con eso clavado en la cabeza y a la vista vamos a soportar los golpes, y también… la felicidad de otros.

Esa es nuestra victoria y nuestra verdad: que aun en

nuestros peores días, somos hijos extremadamente queridos del mejor Papá.

A menos que estemos anclados en la verdad de Su Palabra, a través de lo que nos está pasando, vamos a ver a los lados y la amargura se pondrá cómoda en la sala de nuestro corazón. Y, con el tiempo, se quedará a vivir, empezará a decirnos mentiras, le creeremos, nos aislaremos y, finalmente, nos matará. A propósito, ese es el plan de Satanás. Lo ha sido desde el inicio, cuando todo se rompió.

La alabanza es la clave. Decir en voz alta —cantando, si es posible—, todo lo que Dios fue, es, será, y seguirá siendo para siempre. Todo lo que cantemos acerca de Jesús y lo que la Escritura declara que hizo será digno de adoración para la eternidad, incluyendo nuestros peores días, porque siempre será verdad y sus efectos son irrevocables. Alabar a Jesús es estacionar nuestra atención en Dios.

¿Por qué?

Algo pasa cuando lo decimos en voz alta… es verdad, esa Persona nos está amando en medio de esto. Esto pasará. Lo que Él ganó a mi favor no pasará. Lo que hizo por mí es evidencia de cuánto me ama.

Pero Dios demuestra su amor por nosotros en esto: en que cuando todavía éramos pecadores, Cristo murió por nosotros. (Romanos 5:8)

¡No necesito más pruebas!

La habilidad para sentir gusto sincero por una amiga, hermano, vecino o un perfecto extraño en medio de nuestro dolor solo puede venir si le creemos a Dios completamente. Le creemos sus declaraciones de amor. Le creemos que es para bien. Le creemos que este dolor no será estéril. Este tipo de gozo tiene sus raíces en confiar en ese amor.

Recuerdo que las señoras me decían que, una vez tenían a sus bebés, «¡se olvidaban por completo del dolor!». Yo me comprometí a estar con el radar atento cuando llegara el momento, para comprobar ese rumor. Déjenme decirles que lo único que podía pensar después de dar a luz dos veces, sin epidural, era: «¡Qué montón de mentirosas!». ¡Pasó algo más glorioso que la amnesia! Sentía el dolor (bastante) pero no paré de sentir gozo. Gloria y dolor, todo al mismo tiempo. Felicidad y dolor, combinados en un lugar. Uno y otro, coexistiendo como gemelos siameses. Uno no expulsaba al otro. Es más, el dolor que soporté me enseñó la fuerza del amor como nunca antes.

Mi amiga Isabel está lidiando con su bebé recién nacido mientras escribo estas líneas. Jamás había pasado una experiencia tan intensa… el otro día, su hermana vino a cenar y me contó que Lucas (el bebé) había despertado a dar concierto a las dos de la mañana y que no se durmió hasta las siete... y todo está bien. Isabel se siente abrumada e incapaz a menudo estos días, pero pide ayuda, sonríe, y sigue planeando el futuro de su heredero. Lo amamanta y lo arrulla, aun exhausta, las veces que sea necesario, porque incluso si no lo habíamos pensado, esa es una figura del evangelio: amor incondicional y gratuito, en medio del dolor que el cuidado de un recién nacido traiga a su madre.

El dolor que Dios permite es el gemelo indeseado del amor.

Qué cosa tan extraña y maravillosa la que le hace la gracia del Señor a un corazón... tener la capacidad de llorar con una agonía indescriptible a Sus pies y, simultáneamente, tener paz y hasta alegría por conocer que Su presencia y amor están allí en mi valle y en la felicidad que están pasando otros. Allí no cabe la amargura ni la envidia... La envidia se cura confiando... Envidiar es evidencia de que no estoy confiando en que Dios me ama lo suficiente, no conoce lo que necesito o se equivocó al darme lo que me dio.

¿Quién es sinceramente feliz por los demás? El que vive en contentamiento y sabe que no merece nada... Como les digo a mis hijos: «La gente más feliz es la agradecida... La gente envidiosa es incrédula... dejó de confiar».

Una de mis cuñadas anunció su embarazo número cuatro y tardó un poco en hacerlo. La razón, en parte, fue porque como familia, habíamos tenido un encuentro frente a frente con la injusticia y una devastadora pérdida recientemente, y no quería añadir intensidad a nuestro dolor, en especial a mí. Ella consideró mi gran aflicción en uno de sus momentos de gran alegría.

Cuando estábamos en la mesa y dieron la noticia, ella me miró con ojos llorosos y yo me levanté a abrazarla. Lloramos juntas con un revoltijo de sentimientos, llenando el poco espacio que había en medio del abrazo... le dije sinceramente que su alegría era mía, que Dios no fallaba en Sus cronogramas. ¡Era una nueva vida! Mi confianza se estaba fortaleciendo y mi amor por la voluntad de mi Padre estaba creciendo... podía llorar e incluso estar llena de preguntas para Dios, mientras confiaba que esto estaba perfectamente medido para nuestro bien. El de ella y el mío.

Si creemos que Dios es nuestro Rey soberano y no un consultor, como dice Tim Keller, entonces también tenemos que creer que todo lo que nos llega es por gracia, regalado, y los regalos llegan al ritmo que el dador disponga. Así que, todo lo que nos está pasando es un regalo y todo lo que le está pasando a nuestro vecino es un regalo también. Reconocer que no necesito fingir, sino que puedo traerle mis lágrimas a Él, y que le importan, me permite gran libertad para gozarme con el otro equipo, el equipo de *Los que ríen*.

Alégrense con los que están alegres; lloren con los que lloran. Vivan en armonía los unos con los otros. No sean arrogantes, sino háganse solidarios con los humildes… (Romanos 12:15-16)

LAS LÁGRIMAS NO
SON MOSCAS

NO LO SON. Son como diminutos pedazos de vidrio roto del alma, que no se pueden contener y que buscan escapar para dar una voz de alarma de que algo demasiado grande se quebró por dentro. Y son un regalo de Dios. Las lágrimas no están diseñadas para ser tragadas ni escondidas. Tampoco para ser espantadas. Por más raro que suene, fueron hechas para el alivio mutuo, al secárnoslas unos a otros, por turnos, o al solamente sentarnos a no decir nada y llorar al mismo tiempo, solo porque nos queremos (Gálatas 6:2).

Una de las frases más lindas y profundas que alguien me ha dicho jamás la escuché cuando tenía doce años, de labios de la que fue mi mejor amiga, también de doce años, Mónica. Fue una mañana muy peculiar porque, de camino al colegio, mientras manejaba, mi mamá nos dio una noticia terrible. Mis dos hermanas y yo entramos llorando al colegio y recuerdo bien que, por alguna extraña razón, había en uno de los patios una carpa de circo (seguramente, era una actividad para los más chiquitos). Con ese telón de fondo tan absurdo, mi amiga nos vio entrar, me abrazó llorando y me dijo:

«NO SÉ POR QUÉ ESTÁN LLORANDO, PERO SI A USTEDES LES DUELE, A MÍ TAMBIÉN».

Nunca supo por qué llorábamos y nunca me incomodó preguntando detalles. Mi corazón le agradece aún hoy.

Qué gesto heroico llorar con los que lloran, sin preguntar, sin tratar de explicar, sin minimizar, solo llorar. *No hay vínculo más fuerte que el de ser débiles juntos.*

Me deja perpleja y me desespera que tantos cristianos, tan a menudo, fracasemos en hacer simplemente eso: llorar con los que lloran. Me parece ridículo, porque nuestro Cristo jamás espanta las lágrimas. Jamás trata de distraernos del dolor. Nunca nos levanta mágicamente para volar sobre el valle de sombra, ni cava un túnel secreto debajo de él… jamás. Él nos toma de la mano, nos abraza, nos carga si es necesario y *nos lleva a través* del dolor y nos deja llorar. No nos suelta, pero no nos anestesia.

No sé por qué, teniendo registrada en papel la historia de cuando Jesús lloró frente a la tumba de su amigo (Juan 11), ignoramos que es nuestra autorización para hacer lo mismo sin pedir disculpas. Llorar no es un defecto. Es un rasgo divino, y cualquiera que se apure a condenar o a querer que «se nos pase rápido» no entiende el valor de las lágrimas, para el Dios que nos hizo. Él guarda en un frasco nuestras lágrimas, porque las valora. Y las comprende, porque recuerda aquel día cuando Él mismo las derramó (Salmo 56:8).

Para todo, hay tiempo. Ya vendrá la mañana, pero mientras sea nuestra noche, podemos llorar.

Seguramente, no fue accidental que quedara registrado que, cuando Dios bajó con un cuerpo de carne y hueso, en el cual jamás pecó, llorara. Esto significa que las lágrimas no son falta de confianza en el Padre, falta de fe ni de nada... quizás son, precisamente, presencia de Él. Jesús jamás dio un paso en falso y el relato nos cuenta explícitamente que Sus lágrimas tampoco eran falta de amor cuando escoge «tardarse» y no llegar «a tiempo»:

 Cuando Jesús oyó esto, dijo: «Esta enfermedad no terminará en muerte, sino que es para la gloria de Dios, para que por ella el Hijo de Dios sea glorificado». Jesús amaba a Marta, a su hermana y a Lázaro. A pesar de eso, cuando oyó que Lázaro estaba enfermo, se quedó dos días más donde se encontraba. (Juan 11:4-6, énfasis añadido)

Nuestro Jesús no lloró porque le faltara algo ni porque estuviera desesperado. Nunca perdió la perspectiva eterna;

jamás hay algo que lo tome por sorpresa, porque es Dios. Es soberano y planificó todo. Lloró porque Su humanidad perfecta le permitió unirse a nosotros en todo el espectro de nuestra debilidad. A veces, las lágrimas no significan desesperanza… solo son un suspiro mojado de lo que duele vivir en este mundo y en este cuerpo. Jesús lo supo y lo sabe… como dice Hebreos 4:14-16:

> *Por lo tanto, ya que en Jesús, el Hijo de Dios, tenemos un gran sumo sacerdote que ha atravesado los cielos, aferrémonos a la fe que profesamos. Porque no tenemos un sumo sacerdote incapaz de compadecerse de nuestras debilidades, sino uno que ha sido tentado en todo de la misma manera que nosotros, aunque sin pecado. Así que acerquémonos confiadamente al trono de la gracia para recibir misericordia y hallar la gracia que nos ayude en el momento que más la necesitemos.*

En el momento que más la necesitemos. La gracia de llorar con los que lloran se da así; en el momento de mayor debilidad. ¿Qué somos si no podemos llorar juntos? Somos un club social, un grupo de conocidos, cualquier otra cosa menos una iglesia.

La gente que trata de ahuyentar mis lágrimas me ahuyenta a mí. El mensaje que transmitimos al no dar lugar a la tristeza cuando es tiempo de dárselo es: Hay algo malo en tu dolor; hay algo malo en ti.

Pero sospecho que la gente que actúa así ha sentido miles de veces: Hay algo malo en mi dolor, hay algo malo en mí.

LAS LÁGRIMAS NO ASUSTAN NI INCOMODAN A JESÚS; LO ACERCAN:

«El Señor está cerca de los quebrantados de corazón, y salva a los de espíritu abatido» (Salmo 34:18). Deberían hacer lo mismo con nosotros. Supongo que toda esta cultura de la «vida victoriosa», en la cual se niega el sufrimiento diciendo que se «cancela» o «no se recibe», es una cultura que nos hace suponer que, si lloramos, somos débiles y, según estos parámetros, ¿la debilidad significa falta de fe o confianza? No entiendo bien... porque la Biblia es clara en llamarnos «bienaventurados» cuando lloramos (Mateo 5).

Lo que debemos hacer es enfocar nuestra mente en un panorama más amplio, eterno, afirmando que todo el sufrimiento será momentáneo (Romanos 8:18) y que tiene como fin producir en nosotros el carácter de Cristo (Santiago 1). ¡Cómo cantamos y decimos que queremos imitar a Jesús!...

hasta que nos llega el turno de rendirnos y llorar frente a la tumba de nuestros planes y sueños...

Hace poco, leí acerca de la muerte de un pastor en Estados Unidos,[2] muy conocido por enseñar que la voluntad de Dios para Sus hijos es que gocemos de salud perfecta... perfecta. Se distinguía por pasar mucho tiempo en el gimnasio y por reír siempre. Un día, empezó a adelgazar y a verse débil. Decayó. Pero jamás confesó a su congregación que tenía un cáncer que, a la larga, lo llevó a la tumba. Todo el tiempo de su convalecencia, lo negó. Lo tapó con bromas y risas. Eso es más trágico que el cáncer. Anunciar un reino de aquí y ahora y esconder nuestros dolores. Eso no embellece a Jesús ni Sus promesas... nos empaña la mirada y nos engaña con una esperanza desechable, que no es realmente esperanza. Nosotros no necesitamos avergonzarnos de nuestros dolores, condenarnos al creer mentiras o llorar a solas mientras nos consume la duda.

Una vez, la hija de otro pastor me confesó que su papá se esconde de la congregación y hasta miente cuando se enferma. ¡Dios mío! ¡Qué gran problema construir un reino propio! Porque exige que lo sostengamos con nuestras fuerzas... claro que, si este hombre enseña que la enfermedad es castigo de Dios, ¡debe estar sano a toda costa! Pobre gente... deben manejar toneladas de culpa, condenación y dudas del amor del Padre y deben ser como su pastor, expertos en ponerse maquillaje… No me imagino qué será más trágico en los funerales de esos pobres feligreses, si la pérdida del ser querido o los intentos de explicar qué salió mal…

Y, mientras perdemos el tiempo con nuestras pantomimas, allí está Él… esperando abrazarnos. Habiendo experimentado el sabor salado de Sus propias lágrimas humanas, está calificado para ser no solo nuestro Rey y Señor, sino también nuestro verdadero Amigo… sin espantar lo que sentimos, sin darnos razones o discursos; tan solo viéndonos pupila a pupila, pegando Su frente a la nuestra, con nuestra cara entre Sus manos… Bien cerca. Bien real. Aprecia cada una de nuestras lágrimas y nos dice: «Te entiendo. Vamos a hacerlo juntos». Su pecho es el lugar más seguro y hermoso para llorar.

QUE NADEMOS JUNTOS

SEÑOR, ME DEJASTE VERTE y ahora se me prendió un fuego adentro que no tiene mira de apagarse, a menos que hagas que te vean aquellos que me has hecho amar. Tu belleza es una que necesito contemplar en compañía. El dejarme verte vino inevitablemente enlazado a una urgencia divina de ir por otros. Necesito que te vean, Señor, porque no hay alegría superior.

Necesitan dejar de mirar a otro lado, porque cualquier otra cosa es una estrella que llegará a apagarse, pero tú eres «la brillante estrella de la mañana» (Apocalipsis 22:16). Si te ven, sus ojos no tendrán oscuridad jamás, y el calor que generas secará sus lágrimas. Quiero esta alegría invencible para ellos, Señor. Y soy muy débil y, en mi afán de que te vean, me he desesperado y he actuado olvidando que eres tú quien se deja ver, y mis direcciones o empujones no pueden lograrlo. Ayúdame a descansar en ti, Señor, y a tener el gozo de saber que, así como haces germinar las semillas, cambiar las orugas y traer la lluvia sin que yo me dé cuenta, así estás trayendo salvación para los que amo.

Señor, tú me has hecho amar a gente que no me comprende y a gente que no te quiere... y esto es un gran problema. A medida que me has hecho quererte, deseo que ellos te quieran, porque no encuentro mayor fortuna. Quiero compartir las lágrimas de alegría cada vez que veo otra parte de ti.... y aún no puedo. Estas relaciones están incompletas porque la mejor parte de mi alma sigue sin compartirse. Aún no podemos abrazarnos en el alivio de haber sido encontrados. Aún no podemos compartir historias de rescate. Aún no existe el vínculo eterno de la salvación entre nosotros. Quiero que nademos juntos en este mar de gracia al cual me has traído, en el cual me has lavado, refrescado, y en donde me has enseñado a caminar. Ya no quiero que me vean desde la orilla. Llámalos, Señor, despiértalos, que respondan al oír su nombre de tus labios. Que sus oídos vibren y sus corazones brinquen porque llega la vida. ¡Porque por fin ven, al fin oyen! Que su corazón se rompa porque empieza a latir y crecer. Y que yo pueda ver maravillada cómo sacas vida de una tumba más.

Gracias por amarme y salvarme. Ahora, Señor, úsame como usas una arteria diminuta y frágil para llevar vida al cuerpo. Usa este conducto que solito no cuenta. Mantenme conectada a la fuente de vida para que, mientras ese día llega, mi corazón sea sostenido, porque es débil, olvidadizo y pequeño, pero me lo has dado para sentir angustia y amor, para que no viva para mí. Porque esta alegría no sirve en soledad. Los necesito conmigo; no porque tú no seas suficiente. No, Señor. Aun si me mantuvieras de pie sola, contigo, todo esto habrá valido la pena. Pero, porque aún hay tiempo y este regalo es para más, hoy te ruego. Todo el amor que me derramaste encima solo se puede notar si me pego a quien te necesita y dejo que le salpique. ¿Qué hago yo con tanto amor? No se puede contener... Quiero que te vean, Señor, porque eres bello y porque necesitan vivir para Aquel que nunca morirá. Porque nacimos para ti y quiero que la esperanza viva empiece cuanto antes en ellos.

Nada de esto puedo pedirte en mi nombre, sino en el nombre del que me ha cambiado de plan y Aquel que me abrió camino hasta ti, en ese bellísimo nombre que me sella y por el cual el temor se fue. En el nombre de Jesús, te ruego. Amén.

2

EL REGALO DE MI CRUZ

nuestra CASA verdadera NO ES ESTA...

DESIERTOS Y JARDINES

LA BÚSQUEDA EN GOOGLE: «Flores acuarela colores pastel». Así amaneció mi día ese 8 de marzo de 2017. Ella cumple quince años en noviembre. Empecé los preparativos y mi mente se llenó de ella, un arcoíris de colores suaves y sus flores de acuarela… mi mente se llenó de ella…

El asombro de abrir el sobre de papel que decía «positivo», la alegría de sentir sus primeros movimientos dentro de mí mientras estaba sentada en esa banca de la iglesia, la primera vez que lavé su ropita pequeña decorada con osos y moños, la primera noche en que fuimos tres y la arrullamos inseguros y admirados. Llamarla por su nombre mirándola a la cara… Ana Isabel. Años de experimentos y arte, de historias a la hora de dormir, de preguntas brillantes y afirmaciones sabias… de berrinches y lecciones… su cara lozana y su mochila ordenada. Quince años de reto y maravilla.

Mientras yo preparaba la invitación para celebrar su vida, no sabía que, simultáneamente, un fuego que había empezado en corazones áridos de amor se esparcía hacia fuera por la desesperación.

Cuando las lágrimas dejan de ser atendidas, se vuelven desiertos desolados que queman por dentro. Fuimos diseñados para nacer frágiles y depender de alguien más fuerte y sabio, y se nos entrega sin palabras, pero con necesidades. Se nos entrega con frío para ser arropados; con hambre, para obligar el contacto; con debilidad en el cuello, los brazos y las piernas, para ser sostenidos. Se nos entrega pequeños para ser protegidos. Nos volvemos humanos en la coreografía lenta y torpe de ser familia… un bebé sin el recurso de un adulto seguro que traduzca su llanto empieza a creer que debe salvarse solo. Sus lágrimas se secan y transforman en desiertos los que debían ser jardines y sus corazones, en caparazones duros para esconderse.

Mientras mi mente se llenaba de colores pastel, esa bodega se llenaba de fuego.

Sus gritos empezaron mucho tiempo antes, aunque parecía rebeldía. Sus gritos que rogaban amor parecían desafío. Una vida que llega sin ser querida resulta ser un río salvaje que, sin ser encauzado, arrasa todo aquello para lo cual llegó a ser. Los gritos y las lágrimas evaporadas por el desierto interno de las niñas salían en forma de insultos y amenazas, en forma de desobediencia. No sabían cómo más pedir auxilio. Y los cuidadores no sabían hablar su idioma ni conocían el idioma de Dios.

Mi corazón se inundó de humo. Y mi teléfono, de mensajes.

Esa mañana, murieron 19 niñas adolescentes que estaban internadas junto a otros más de 700 niños, en un centro de protección del gobierno.

Sus cuerpos habían sido moldeados en los vientres de
19 mujeres como yo, por el mismo Dios que hizo a mi
primogénita. Ninguna le era desconocida, «cuando en lo
más recóndito era [formada], cuando en lo más profundo de
la tierra era [entretejida]» (Salmo 139:15). Ninguna era algo
menos que una creación admirable... y sospecho que no se
enteraron... esas son noticias que alguien más grande debe
anunciarnos vez tras vez hasta que lo creemos. Alguien tiene
que decirlo con las palabras, con la mirada, con el toque
seguro. Alguien más fuerte y capaz, a quien miramos al
levantar la cabeza, debe interrumpir la mentira programada
desde la caída para anunciarnos la verdad de que somos
deseados y valiosos porque Él nos hizo y porque Él es bueno,
porque en amor nos predestinó al ser adoptados. Alguien debe
interrumpirnos... con gotas de agua. Pintar en el desierto.

Pero el mundo insiste en estampar los corazones más
vulnerables con la mentira. Y nuestra inclinación natural
lo facilita. Esas niñas vivían en una constante lucha por
probar que eran dignas, porque no habían descansado
en conocer que ya todo había sido consumado, y pararon
viviendo en el Sahara... en realidad, somos jardines con sed
de amor incondicional y de una guía firme y decidida, pero
ellas estaban tan áridas y llenas de un calor tan abrasador,

tan insoportable, que comenzó un fuego que no pudo ser contenido. Un incendio salvaje en manos de guardabosques no calificados.

La tendencia natural del hombre ante los llantos que se transformaron en rebeldía es responder con fuerza y castigo. Pero la tendencia natural no sabe que lo que una relación rompió, debe ser sanado con otra relación, y las relaciones requieren tiempo y voluntad. Y las relaciones suponen riesgo. El corazón que se volvió desierto no puede ser reverdecido con reglas y castigos; debe visitarse pacientemente, con semillas pequeñas y gotas constantes de intentos de conexión. Porque allí está la solución.

La magnitud de la tragedia hizo visible el tamaño de la necesidad interior e hizo evidente lo que la Biblia proclama de pasta a pasta: buscamos ser de Alguien. Y jamás descansaremos hasta saber que ese Alguien nos quiso antes de que nosotros lo supiéramos; que la relación no la iniciamos nosotros y, por ende, no la sostenemos nosotros. El máximo anhelo solo será satisfecho en Jesús y el descanso radica en que no tenemos nada que probar. Él ya peleó por nosotros en un desierto. Pasó hambre y sed, calor y soledad… y venció con la Palabra, confiando perfectamente. Venció en un desierto para poder atravesar el nuestro y traernos al jardín.

Yo puedo soñar y planear una fiesta para mi hija, porque

guardo su historia. Ella y yo nos pertenecemos. Celebrar su vida es celebrar que la hemos caminado juntos y que nuestro destino no es incierto; que lo que traiga la vida no sorprenderá a Dios y que, por bueno que sea, no es nuestra máxima alegría. Sostuve a mi hija en mis brazos cuando tenía tres días de nacida y le dije que no sabía quién se iría primero, pero que yo estaba segura que Dios nos tendría en Su mano a todos; que yo no podía garantizarle lo que pasaría, pero que le garantizaba que Él jamás la iba a dejar. La enfermera que merodeaba cerca de nosotras seguramente pensó que algo andaba mal conmigo… pero yo debía decirlo en voz alta. Mis miedos no podían quedar sin ser entregados y este viaje de ser madre e hija no era orquestado por mí, y necesitaba mantenerlo a la vista. Pero no todas tenemos ojos para verlo. No todas reciben la noticia de un embarazo en medio de alegría, no todas están sentadas en la banca de la iglesia cuando sienten el primer movimiento, no todas lavan con ilusión la ropita pequeña… porque no hay ilusión ni ropita. No todas saben que hay Alguien a quién correr para soltar sus miedos. Hay quienes operan a partir del miedo, y no conocen otra cosa. Hay mamás que fueron niñas del desierto, que apagaron sus lágrimas y que, cuando menos sintieron, se encontraron caminando acompañadas de alguien más pequeño, que las necesitaba… y no supieron cómo hacer florecer un jardín porque no habían conocido ninguno…

¿Cómo puede un ciego pintar una flor con acuarela?

Pocos días después del incendio, las 19 se volvieron 40. Y

nos quedamos pasmados. Y nos llenamos de preguntas. Dios

también vio. Y tiene todas las respuestas... pero Dios no ve

un número; Él las conoció y tenía contabilizados los cabellos

de cada una de sus cabezas. Pronunciaba sus nombres,

identificaba sus suspiros y contaba sus lágrimas. Su juicio

siempre es justo. Él nunca llega tarde, pero Su mente no es

nuestra mente y Sus caminos son misteriosos.

El portón que las separaba del mundo exterior se abrió

de repente. Los jardines, hechos desierto. Los terrenos

destinados a dar frutos, pisoteados y devastados. El mundo por

fin vio lo que Dios ya sabía y a lo cual llama. La emergencia

trajo luces y cámaras a lo que antes convenía dejar escondido.

Niños por los cuales pocos sueñan y planean. Qué cosa tan

dura, ver a los débiles sufrir en un sistema tan desprovisto

de lluvia... de gente adulta que haga una pausa y pregunte:

¿Cómo se irriga un corazón hecho desierto? ¿Cómo se

construye un puente hacia un corazón cercado? No nos

interesa... queremos la belleza del jardín sin el precio de

regarlo. Preferimos las flores plásticas de los ratos superficiales

que se pueden presumir en Facebook y nos deleita entretener

la idea de que, con unos dulces, sanamos la amargura de

vivir en las sombras. Nos vamos sin meditar en lo que queda

cuando ese portón se cierra. Nos asusta quedarnos. Pensamos que eso es un llamado para unos pocos. Sin embargo, los cristianos normales hacen cosas difíciles. Son inseparables el discípulo y la tarea imposible. Son inseparables el seguidor de Jesús y los desiertos. No se puede ser iglesia sin conocer a su Dios en los lugares difíciles.

El noviazgo de Cristo y la Iglesia no se desarrolla ni fortalece principalmente en un restaurante rodeado de jardines, sino en un campo de batalla en medio del desierto; allí medimos nuestro límite y vemos Su fuerza salvadora. Allí nos enamora y nos asombra, allí nos revela Su grandeza y nos fortalece precisamente por nuestra debilidad. Pero nos cuesta comprender que nos llama a estas batallas justamente para traernos a una relación con Él, para darse a conocer y para llevarnos a nuestro límite y aumentar nuestra dependencia en Él. ¿Cuánto se rompió dentro nuestro? Este llamado a reverdecer desiertos es realmente una invitación a ser sanados, al entrelazar nuestros dedos con los Suyos. Una relación nos trajo al desierto; otra relación nos llevará al jardín.

Mi niña cumple quince y podría haber estado en ese mismo incendio salvaje; pude haber sido yo la que golpeaba el portón de esa casa hogar. Pero alguien se acercó a tiempo con semillas de vida y gotas de agua. Alguien interrumpió la mentira que traía programada. Tengo la promesa de un jardín en medio de este campo de batalla, porque la fe vino por el oír Su Palabra. Puedo pintar flores de acuarela porque las veo por la ventana de esas páginas. Hay esperanza. Los ojos de mi corazón lo ven... y el humo se escapa.

El Dios que hiere y sana

CAMINAR BAJO LA MANO del Todopoderoso no nos garantiza ausencia de dolor; nos promete un dolor diseñado para producir ganancia. La Palabra de Dios nos lo anuncia y no tenemos que rebuscar. En su carta, Santiago saluda así:

> *Hermanos míos, considérense muy dichosos cuando tengan que enfrentarse con diversas pruebas, pues ya saben que la prueba de su fe produce constancia. Y la constancia debe llevar a feliz término la obra, para que sean perfectos e íntegros, sin que les falte nada.*
>
> (Santiago 1:2-4)

Ninguno de nuestros problemas son una sorpresa para Él y no lo deberían ser para nosotros. El discípulo que ahora está cumpliendo su misión y escribiendo ese saludo tiene presente que, detrás de las diversas pruebas que enfrentamos, hay un Autor que planeó de antemano un final feliz. Es triste que muchos crean que los trechos duros son idea del diablo, porque muestra lo poco que conocemos la Palabra y a Su Autor; allí está, para nuestra dicha, claro en las primeras líneas del libro de Job:

Llegó el día en que los ángeles debían hacer acto de presencia ante el Señor, y con ellos se presentó también Satanás. Y el Señor le preguntó:

—¿De dónde vienes?

—Vengo de rondar la tierra, y de recorrerla de un extremo a otro —le respondió Satanás.

—¿Te has puesto a pensar en mi siervo Job? —volvió a preguntarle el Señor—... (Job 1:6-8)

¡QUÉ NECESARIO ES LEER SU PALABRA PARA DERRIBAR NUESTROS TEMORES E IDEAS EMPAÑADAS ACERCA DE CÓMO ES EL SEÑOR!

Si no comprendemos que la naturaleza de Dios es absolutamente diferente a la nuestra, es muy duro aceptar que Él mismo diseña nuestros dolores. Dios no es un humano gigante. Él no cabe en nuestras cajas. Su mente es supremamente inalcanzable, y planea tramas que retarán nuestros planes hasta la médula... es decir, Él no solo permite nuestros dolores, sino que los programa. Eso no nos debería molestar ¡sino animar! Porque saber de Su soberanía disuelve nuestra ansiedad. Y necesitamos de ese Dios inconmensurable, que, como escribe Isaías, es más alto:

> *Porque mis pensamientos no son los de ustedes,*
> *ni sus caminos son los míos —afirma el*
> *Señor—. Mis caminos y mis pensamientos son*
> *más altos que los de ustedes; ¡más altos que los*
> *cielos sobre la tierra!* (Isaías 55:8-9)

La vista del Señor está por encima de la nuestra. Ve lo que nosotros somos incapaces de ver y, aunque a menudo no nos dé mayor explicación, sabemos que no vamos sueltos, no somos ovejas perdidas. Ya fuimos encontrados y nos ama. Nos ama perfectamente y sabe más. Él ya sabe lo que logrará al final, aunque el proceso nos parezca una crueldad o una locura carente de sentido. No lo es. Todo es misericordia y, al final, cuando lo veamos a los ojos, todo va a encajar a la perfección.

Someternos a Su voluntad es entrar a un consultorio donde nos van a examinar exhaustivamente y a diagnosticar una enfermedad terminal (Su estudio nunca arrojará otra respuesta). La Palabra y la revelación del Espíritu Santo diagnostican traición al nivel más vil: rebeldía al plan original tener complejo de Dios... La esencia del pecado es querer establecer nuestro propio estándar y decidir lo que es bueno y malo... Y requiere intervención. Porque esa es nuestra necesidad más urgente: reconexión con la fuente de vida, que es Dios. Reconexión con el estándar, con el Amor verdadero. El interés supremo de Dios es nuestra máxima felicidad, la cual es imposible fuera de Él, así que nos traerá y, para lograrlo, no hay otra vía más que la de la incomodidad, el dolor y las lágrimas.

Ya perdí la cuenta de las veces que he leído o visto a John Piper expresarlo tan bien en una de sus frases favoritas:

«DIOS ES MÁS GLORIFICADO EN NOSOTROS CUANDO NOSOTROS ESTAMOS MÁS SATISFECHOS EN ÉL»,[3] Y RECUERDO MUY BIEN LA PRIMERA VEZ QUE LEÍ LA TRANSCRIPCIÓN DE SU MENSAJE «NO DESPERDICIES TU VIDA».[4]

Me quedé atónita. Jamás había recibido un reto tan grande y la posibilidad de ser absolutamente feliz al mismo tiempo. Me tomó tiempo procesarlo; no sé si aún termino de hacerlo, pero mi vida se inclinó hacia lo que leí allí: «Si vives gozosamente para hacer a otros gozosos en Dios, tu vida será dura, tus riesgos

altos, y tu alegría será completa». Por más contradictorio que
suene... nuestro gozo es el Señor, y Él nos llamará a una vida
difícil. Los cristianos normales hacen cosas difíciles. Es nuestro
pan diario... un pan que satisface y da vida.

Dios está comprometido con el asunto de santificarnos y
transformarnos. Su Palabra es fuente máxima que revela Su
carácter y Su plan; pero además, fuera de sus páginas, en la
vida diaria, podemos ver claramente señas que apuntan a Él
por todos lados...

Lo veo en las semillas... No hay posibilidad de que un
árbol llegue a ser un árbol si la semilla no deja de ser semilla.
Un montón de semillas metidas en una bolsa no constituyen
un bosque. A menos que sean sometidas a ese intenso proceso
de ser sacadas, esparcidas, enterradas... jamás serán otra cosa
más que semillas.

Lo veo en los «buenos» papás... los papás presentes y que,
en su humanidad, hacen un esfuerzo y desean a Dios... En
este instante, estoy sentada en un salón listo para recibir a
77 niños de 7 a 9 años de edad de nuestra congregación, para
pasar juntos dos días en un retiro especialmente diseñado para
ellos, y estamos rogando que vean a Jesús. Que comiencen
a conocerlo. Y, antes de abordar los autobuses de ida, cada
papá tuvo que llenar en un papel, con su principal petición
para su hijo o hija... y hay de todo. Es muy conmovedor

leerlas y puedo distinguir que hay niños que, por una u otra razón —o mil—, causan dolor en el corazón de sus papás... Si algo tienen en común en este grupo, es que alguien más grande que ellos está seriamente interesado no solo en verlos crecer, sino también en enderezar sus pasos mientras lo hacen. Algunos de esos papelitos parecen estar escritos no con lapiceros, sino con latidos de corazón acelerados... con nudos de garganta... con lágrimas. Y percibo que ninguno de esos papás está dispuesto a dejar la formación de sus hijos a la suerte. Amo leer las peticiones que ruegan que el Señor se revele a ellos y los sostenga en Su mano para siempre. Esos papás están viendo a largo plazo. A eterno plazo.

Si estos son papás terrenales imperfectos que, con pasos torpes pero decididos, buscan forjar el carácter de sus hijos... ¿cuánto más nuestro Padre celestial?

Sería bueno detenernos y pensar si todo parece ir de acuerdo a nuestro plan; si nunca tenemos que luchar por comprender o someternos a lo que vamos entendiendo que es la voluntad de Dios. Si lo que tenemos es una vida llena de rutinas religiosas —que en ningún momento se sienten como un riguroso examen médico que nos expone y en medio del cual nos sentimos vulnerables—, nos falta leer la Biblia y no existe verdadera comunidad. El que ha sido salvo jamás será «dejado en paz». Será trabajado, estirado, probado, pasado por fuego. Y habrá trechos de duda, de sentimientos de soledad y hasta de locura. Porque, después de ser rescatados de la ira de Dios, somos rescatados de nosotros mismos. Muchos necesitan rescate de una vida abiertamente desordenada y loca, pero todos necesitamos que nos rescaten de nuestro delirio de bondad.

Si somos del Señor, Él hará lo que sea que tenga que hacer, dará o quitará lo que tenga que dar o quitar, con tal de que lo conozcamos tal y como es. Ese es el Dios de la Biblia. Si nos doblegamos, estamos dejando de lado nuestras armas para que Él entre con escalpelo y luz, a extirpar lo que sea necesario. El objetivo de los dolores es la transformación del corazón y la mente para trasladarnos de la muerte a la vida. De lo pasajero a lo eterno. Ningún curso teológico da más sed de eternidad y de la segunda venida que el quebranto que viene de parte del Señor.

Es muy conmovedor ver cómo Dios transforma a alguien de plástico en alguien lleno de vida, sustancia y profundidad. Es un regalo pasar de conversaciones que serán olvidadas en una semana a gozarnos al compartir lágrimas alrededor de un café, tocando el tema eterno de la salvación. Oír cómo, al momento de dar gracias, el corazón rebosa por lo que nunca se perderá… estos regalos no se nos entregan en los días de fiesta, sino en el quirófano divino que nos mueve a lágrimas.

Vamos a Él. Confiemos. Las heridas que causa, sanan. La invitación se nos hace vez tras vez en Su Palabra. Como aquí, donde Oseas dirige al pueblo de Israel a los brazos del Señor:

> *¡Vengan, volvámonos al Señor! Él nos ha*
> *despedazado, pero nos sanará; nos ha herido,*
> *pero nos vendará. Después de dos días nos*
> *dará vida; al tercer día nos levantará, y así*
> *viviremos en su presencia. Conozcamos al*
> *Señor; vayamos tras su conocimiento. Tan cierto*
> *como que sale el sol, él habrá de manifestarse;*
> *vendrá a nosotros como la lluvia de invierno,*
> *como la lluvia de primavera que riega la tierra.*
>
> (Oseas 6:1-3, énfasis añadido)

En su comentario bíblico en línea, *Enduring Word* [La Palabra que permanece], David Guzik escribe acerca de este texto: «Oseas ora con el corazón correcto en respuesta al castigo de la mano de Dios. En lugar de argumentar con Dios, o resentir Su corrección, Oseas dirige a Israel en una humilde oración. Esta es una oración que confía en el amor de Dios, y ve Su mano de amor aún en la corrección. [...] Oseas oró esto en una completa confianza en el amor y poder de Dios para restaurar. En la oración, hay una sombra de la profecía de la resurrección de Jesús en el tercer día. El contexto apoya esto maravillosamente; en la cruz Jesús fue arrebatado y herido por nuestro bien, pero Él también, gloriosamente, fue resucitado en el tercer día».[5]

TENEMOS LA GARANTÍA A LA VISTA: LA RESURRECCIÓN. SÍ, EL SEÑOR DESPEDAZA Y HIERE MOMENTÁNEAMENTE CON TAL DE TRAERNOS A VIDA, CON TAL DE QUE SOLTEMOS LO QUE NO PUEDE ALIMENTARNOS ETERNAMENTE.

Pero podemos confiar porque, junto con el anuncio de que este Dios no escatima medidas para transformar, tenemos la promesa de que no escatima para amar. Después de dos días, levantó a Su Hijo, para que con Él, vivamos en Su presencia.

Con la realidad de que seremos operados, está la certeza de que lo conoceremos y jamás seremos los mismos.

Esa es la vida del discípulo: una de constante examen y tratamiento, santificación y gozo profundo en el proceso, porque lo tenemos claro: todo esto es un regalo y lo veremos. Ser discípulo no es un proceso indoloro, pero sí glorioso; con propósito eterno.

Niño de vecindario

A VECES, DIOS NOS toca la puerta y pensamos que es como un muchachito travieso de vecindario, que llega a dejarnos algo en la entrada y sale corriendo.

Nos llega a entregar paquetes misteriosos que no pedimos y que no podemos regresar.

Oigo a menudo ese dicho: «Lo que no te mata te hace más fuerte», y supongo que se aplica en muchas circunstancias... pero, a veces, lo que no te mata está diseñado no para hacerte fuerte, sino para hacerte débil y llevarte a confiar en las capacidades de Otro.

No sé; he llegado a pensar que lo que nos pasa es que hemos confundido a Dios con Papá Noel y pensamos que la cosa funciona con la misma mecánica... Si me porto bien, Dios me tiene que premiar y darme exactamente lo que yo pida.

Hemos llegado a creer en un dios de caricatura, predecible y a quien podemos darle órdenes y decirle qué funciona con nuestro plan y qué no. Y ese simplemente no es el Dios de la Biblia... no es un muchachito, y no es travieso. Es el Rey del universo, es perfecto en sabiduría y poderosamente soberano. Es, como se muestra en *Las crónicas de Narnia*, un león indomable. Ese león indomable es el mismísimo Señor, quien es reconocido por Isaías de la siguiente manera:

...[Y]o soy Dios, y no hay otro;

yo soy Dios, y no hay ninguno como Yo,

que declaro el fin desde el principio

y desde la antigüedad lo que no ha sido hecho.

Yo digo: «Mi propósito será establecido,

y todo lo que quiero realizaré».

Yo llamo del oriente un ave de rapiña,

y de tierra lejana al hombre de mi propósito.

En verdad he hablado, ciertamente haré que suceda;

lo he planeado, así lo haré.

(Isaías 46:9-11, LBLA)

Decretamos, atamos, desatamos, declaramos cuando la mayoría de los paquetes que recibimos sin solicitar en nuestra puerta, y que rechazamos con furia, nos son entregados con el fin de conocer más a Dios, de confiar mejor.

Toda buena dádiva y todo don [regalo] perfecto

descienden de lo alto. (Santiago 1:17)

Estos paquetes son una buena dádiva y un regalo perfecto.

Cuando Dios nos atrae hacia Él y, por misericordia, nos

abre los ojos a su verdad, nos está trayendo a una aventura impredecible. No nos está proponiendo un contrato de seguros que describe las cláusulas detalladamente. Leer sobre cuando Jesús llamó a Sus discípulos es increíble: los conoce, entra a su mundo, y llama a seguirlo. Sin más. Y así continúa. Nos llama a seguirlo sin otra garantía que Su presencia fiel... y una cruz. Diseñada a medida, con nuestro nombre. Eso. Cruz y Su presencia. Exactamente lo necesario para ser felices. Aunque parezca locura.

Llevo algunos años de estar en este asunto. ¡Me ha tocado destapar paquetes que han desviado *mi* plan de maneras tan sorpresivas! Es desconcertante.

En más de una ocasión, Dios me ha imposibilitado en mi propio camino a Damasco... Saulo pensaba que estaba sirviendo al Dios vivo, cuando realmente se apoyaba en su propia prudencia y se oponía al plan de salvación. Dentro de lo que conocía, estaba cumpliendo su misión con excelencia. Eso es lo que generalmente estamos haciendo antes de que el Señor intervenga: ¡cumpliendo nuestro plan egoísta, excelentemente! Y lo peor que nos puede pasar es que Él nos deje avanzar en esa dirección. ¡Qué gran misericordia! El Señor interrumpió a Saulo (después, Pablo), lo imposibilitó dejándolo ciego, y luego, ya habiendo captado su atención y su corazón, lo hizo verlo y oírlo, y redirigió sus pasos. Esa interrupción fue un milagro necesario para el avance de Su reino.

Yo no he quedado ciega, pero sí muda y quieta. Y creo que esa es la idea. Dejarme en la esquina del cuadrilátero para verlo pelear a Él. Han sido muchas las ocasiones en las que, entre lágrimas, he rendido mis propias ideas y le he cedido mi ilusión de control... digo «ilusión» porque Él siempre ha estado orquestando Su gran plan... si no perdió el control de la vida de Saulo, menos dejó de tener control de la mía.

La casa donde vivimos actualmente es nuestra. Se habían dado una serie de eventos que nos obligaban a salir de la pequeña y linda casita que nos había visto crecer como familia. Debíamos tomar una decisión. Alex me mandó a ver casas en un proyecto cerca de donde vivíamos, y debo confesar que llegué pensando que era una locura; que jamás podríamos vivir allí. Yo opinaba que no era una buena idea. Me parecía mejor una casa más pequeña también en el área. Pero Dios opinaba diferente y Alex estuvo de acuerdo con Él. Había muchas posibilidades, pero entendí que me convenía hacerme a un lado, apoyar a mi esposo en oración y consejo, y confiar en que Dios lo estaba guiando, y con él, a nosotros. Lloré al entregar mi idea, tirada allí en el piso durante el servicio de damas, un miércoles. Resulta que había una casa, que era la última de esa sección, que llevaba vacía tres años, porque nunca parecía concretarse el negocio, y ahora, el enganche tenía la mitad del precio original... exactamente la cantidad que teníamos ahorrada. Unos meses después, nos mudamos. La casa nos quedaba grande, pero no por mucho tiempo. En ese momento, éramos solamente cuatro, pero Dios sabía que, en unos años, seríamos seis. Era exactamente lo que necesitábamos, porque Dios ya conocía a las hijas que vendrían, aunque yo no tenía idea.

La razón para cada una de las entregas sorpresivas a nuestra puerta tiene como fin agrandar Su reino, revelar Su carácter, menguar nuestra carne y desplegar Su gloria. Ninguna otra cosa.

Quizás, nuestros fracasos sean los mayores éxitos de Dios. Si me preguntan, cada interrupción de Dios a mi plan, el cual creía que era muy bueno y noble, ha significado quebranto, pero jamás cambiaría lo que hoy conozco a Dios.

Cada día, entiendo más que Dios no nos quiere llevar a casa más sabiondos, fuertes, astutos o autosuficientes... nos quiere recibir más humildes, ubicados en nuestra paupérrima condición, indefensos y absolutamente gozosos de ser rescatados. Como niños. Desea que lo conozcamos y amemos Su compañía más que los regalos que trae. Esa es una marca clara de que estamos entendiendo, de que, después de recibir algo indeseado, lo deseamos y apreciamos a Él más que antes, aumenta nuestra dependencia y nos gozamos en Su Palabra, como bien lo escribe el salmista:

Antes que fuera afligido, yo me descarrié,

Pero ahora guardo Tu palabra.

Bueno eres Tú, y bienhechor;

Enséñame Tus estatutos. [...]

Bueno es para mí ser afligido,

Para que aprenda Tus estatutos. (Salmo

119:67-68,71, NBLH)

Seguro que todas esas entregas sorpresivas que llegan de diferentes formas —ese embarazo cuando ya el último de los hijos está en la secundaria, ese diagnóstico de cáncer, ese desempleo, esa pérdida, ese plan que «no salió»— son pura gracia. Puras oportunidades para dejar de querer achiquitar a Dios al tamaño de nuestra mente ridícula, y empezar a confiar. Solamente confiar y dejarlo a Él ser Dios.

CRUCES DE PELUCHE

ME ENTERÉ QUE LA manera en que un músculo crece es rompiéndolo. Después de hacer ejercicio, el cuerpo repara o reemplaza las fibras dañadas por medio de un proceso celular que fusiona varias fibras de músculo para formar nuevas hebras de proteína. Lo curioso es que el crecimiento no sucede al momento del ejercicio, sino durante el descanso.[6] La fibra se estira al punto de romperse y cambiar.

Y todo me habla de Él. Me rompe para hacerme fuerte. Vez tras vez.

Somos un montón de locos si queremos ser hechos fuertes sin querer ser rotos y querer conocer a Jesús sin pasar por dolor. *Queremos un superhéroe que no nos pida nada y que nos saque de lo que nos incomoda, dejándonos idénticos.* Pero Él nos tiene demasiada misericordia como para dejarnos salir con la nuestra, y lo que usa para quebrarnos y fortalecernos, es una cruz.

Hecha a la medida. Con amor y con dedicatoria. Una cruz.

Tenemos miedo de tomarla y de que nuestros niños tomen la suya, porque no vemos la incomparable ganancia. Solo vemos cuánto va a doler, cuánto va a costar y cuánto vamos a sufrir, e ignoramos que nos vamos a ver más parecidos al Cristo que decimos amar.

Y pienso en María, la mujer que recibió la noticia y la semilla del Salvador en su propio vientre. Dentro de todo lo que debía procesar y entregar constantemente en oración, ella sabía que este Hijo tan amado le había sido dado para que fuera el portador de la única moneda que pagaría el precio para rescatarnos del secuestro. Por eso, cuando el Señor mandó el anuncio con Su ángel, no escondió en letras pequeñas lo que ciertamente llegaría como «efecto secundario»:

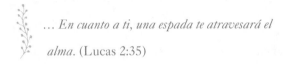 *... En cuanto a ti, una espada te atravesará el alma.* (Lucas 2:35)

Ese Hijo le fue dado para entregarlo a la cruz. Abrazarlo y amamantarlo, verlo dar Sus primeros pasos y arrullarlo, para luego verlo caminar en obediencia, como oveja al matadero. La imagino viéndolo dormir. Viéndolo respirar y comer. Sentadito allí en el comedor de la casa... de unos diez meses... probando un pedazo del pan hecho por ella... con un rayito de luz que entraba por la ventana y rebotaba justo en Su cabecita poco poblada, y ella sentada, tratando de memorizar ese momento santo... la imagino viéndolo masticar y Él, conectando su mirada de bebé y de Dios encarnado, la mira y sonríe, como diciendo:

«YO TAMBIÉN TE AMO, GRACIAS POR MI PAN. Y GRACIAS POR NO DETENERME CAMINO A TOMAR MI CRUZ, PORQUE NACÍ PARA ESO...».

Muchos años después, hecho todo un hombre, tomaría el pan nuevamente, para anunciar que Él mismo sería partido, molido, por amor al Padre y para rescate nuestro. Su mamá siempre lo supo y, a pesar de ser Su madre, fue Su discípula. Y una espada la atravesó en lo más profundo. No lo detuvo camino al Calvario.

Una espada atraviesa nuestra alma cada vez que entrenamos y entregamos a un hijo para tomar su propia cruz, porque el carácter de ese Jesús de Nazaret, Hijo de Dios, hijo de José y María, se forja así en nuestros hijos. ¿Somos cristianas? No habrá hijo de cristiana que no reciba ese regalo, y también la fortaleza y el gozo de soportarlo.

Sin embargo, le tenemos miedo a la cruz y por eso lo más popular en Latinoamérica (y el mundo) es una enseñanza —adecuada a los ojos naturales que no han sido iluminados— que no exige morir, porque la vemos únicamente como un instrumento de tortura; es decir, la vemos como el mundo la ve.

A Pedro le pasó igual. No lo tenía tan claro como María. Por eso le dijo a Jesús aquella noche de partir el pan, en la que Él les estaba recordando Su misión: «¡No dejaré que mueras!». Y Jesús no tuvo una respuesta suave...

Jesús se volvió y le dijo a Pedro:

¡Aléjate de mí, Satanás! Quieres hacerme
tropezar; no piensas en las cosas de Dios, sino
en las de los hombres. (Mateo 16:23)

Pensar en las «cosas de los hombres» siempre será de tropiezo para cumplir la misión de Dios. Y si no es de Dios, ¿de quién es? Todo lo que nos invite a acariciar nuestra carne, nuestro egoísmo o nuestra conveniencia debe ser puesto en el altar del sacrificio, para ser consumido. El apóstol Pablo imploró así a una iglesia que amaba muchísimo:

Como les he dicho a menudo, y ahora lo repito
hasta con lágrimas, muchos se comportan como
enemigos de la cruz de Cristo. Su destino es la
destrucción, adoran al dios de sus propios deseos
y se enorgullecen de lo que es su vergüenza. Sólo

piensan en lo terrenal. En cambio, nosotros
somos ciudadanos del cielo, de donde anhelamos
recibir al Salvador, el Señor Jesucristo.
(Filipenses 3:18-20)

Jesús murió para que tengamos vida en abundancia con Él y en Él, para darnos la garantía de esa felicidad eterna, y la evidencia de que lo hemos comprendido, será que no nos echaremos para atrás cuando se nos entregue nuestra cruz, porque es momentánea.

Nos aterra un Dios que no se parezca nada a tantos de los papás de ahora, que prefieren no permitir que sus hijos atraviesen ninguna incomodidad ni consecuencia, sin trechos de aburrimiento o desesperación. El mundo quiere criar a sus niños en burbujas de cristal rosadas, y la iglesia quiere criar a sus niños dándoles cruces de peluche. Pero de ninguna de las dos formas se moldean discípulos, sino clientes. Si un niño no aprende pronto que las cosas no siempre salen como ellos desean, y que eso es parte de morir a ellos mismos, estaremos criando monstruos programados para vivir insatisfechos demandando ser atendidos. Nada puede ser más contrario al carácter de Cristo.

Yo permito y hasta planeo, momentos dolorosos para salvar a mis hijos de ellos mismos, y si yo, siendo mala, sé dar eso...

¡Cuánto más el Padre celestial! He aprendido que el «no», no es una mala palabra. Y cada día estoy aprendiendo a escogerla con sabiduría. He aprendido a cumplir lo que prometo. Para premios y consecuencias. Se toman el jarabe. Dejan de ir al parque de diversiones si es lo que había prometido como consecuencia a una falta. Se quedan sin televisión. Van y piden perdón. Ceden su lugar en el carro. Ni lo duden, me equivoco... ¡y mucho! Pero lo que sé es que no debo engañarlos evitándoles toda la incomodidad que los hará maduros.

Y es una bendición que Dios no sea una versión gigante de nosotros mismos. Dios sabe más y piensa absolutamente diferente.

El día que el universo cambió de rumbo y se rompió la eternidad en dos, el Gólgota exhibió varias cruces, y el mundo no supo distinguir la que, habiendo sido diseñada para matar, traía vida.

No supo distinguir. No habían sido abiertos sus ojos. No habían querido oír.

El diablo pensó que si mataba al Hijo, ganaba. Pero jamás alcanzó a pensar que lo haría indestructible y que haría posible lo mismo para los que creyéramos. No supo ver porque, a menos que Dios mande luz, lo que vemos es lo que el mundo ve: tortura, dolor, pérdida... ¿eso vemos?

Cuando el Señor escoge una enfermedad, una muerte, un

silencio... el mundo ve fracaso. Pero, si lo hemos empezado a conocer en Su Palabra, sabemos interpretarlo de otra manera... Sabemos que Su voluntad es buena, agradable y perfecta, porque nuestra mente está siendo transformada; ya no está amoldada a este mundo (Romanos 12:2). Nuestro diálogo interno cambia porque nuestra mirada cambió de punto focal. Nuestro corazón espera y ama a Alguien más. Nuestra cruz se ve diferente. *Esto debe ser bueno. Tiene que ser bueno. El Señor me da lo necesario. Él me ama y está a cargo. Al final, todo va a tener sentido, cuando lo vea cara a cara; voy a saber que esto era necesario. Ya viene el día cuando Él secará mis lágrimas. Esto habrá valido la pena... nada se compara a Cristo...*

Y soportamos mientras adoramos; nos duele y lloramos, pero no nos devasta. Nos acerca, nos endulza y nos hace añorar el hogar. El método de Dios es ponernos de cabeza para que tengamos nuestras raíces en el cielo.

Dios nos llama a la cruz, y nos entrega una con nuestro nombre, porque nos ama. Solo los que conocen el final feliz de conocer a Cristo la ven como instrumento de refinamiento y santificación, de vida y paz, de eternidad y raíces en la Nueva Tierra. Sin cruz, somos todo menos cristianos.

Entre espinas y caracolas

*Para evitar que me volviera presumido por
estas sublimes revelaciones, una espina me fue
clavada en el cuerpo, es decir, un mensajero
de Satanás, para que me atormentara. Tres
veces le rogué al Señor que me la quitara; pero
él me dijo: «Te basta con mi gracia, pues mi
poder se perfecciona en la debilidad». Por lo
tanto, gustosamente haré más bien alarde de
mis debilidades, para que permanezca sobre
mí el poder de Cristo. Por eso me regocijo en
debilidades, insultos, privaciones, persecuciones
y dificultades que sufro por Cristo; porque,
cuando soy débil, entonces soy fuerte.*
(2 Corintios 12:7-10)

COMO PABLO, eso hace ella. Alarde de su debilidad.
Públicamente.

Lo celebramos con pastel. Llegamos de sorpresa donde
ella va cada noche. El grupo de apoyo donde se paran y
dicen —entre muchas otras cosas— que su vida se ha vuelto
ingobernable y que han sido *bendecidos* con esta debilidad,

que necesitan ayuda de lo alto y que se necesitan unos a otros. Toman la tribuna (que se parece a un púlpito) y se despiden diciendo: «¡Felices 24!»... porque no declaran independencia ni por un solo día; no pueden. Así es la vida del adicto que reconoce su enfermedad y también del cristiano...

Era su aniversario número dos. Su libertad comenzó en la playa. No hay fotos, porque el centro de rehabilitación al que tuvo que llegar no permitía ningún contacto exterior a menos que fuera por un medio provisto por ellos y bajo supervisión. Pero ¿quién necesita fotos si hay recuerdos y palabras?

Su libertad comenzó en la playa porque su relación comenzó en la playa. Con todo y dudas y aún una corteza dura que cubría parte de su corazón, fue la primera vez que se arrodilló para rendirse. Lejos del agua, dijo palabras torpes y sencillas. Como niña. Como debe ser...

Dios... no creo en ti, pero necesito y quiero que me ayudes a creer. Quiero conocerte como un Dios de libertad, de gracia, que me corrige con amor incondicional... quiero saber que, si existes, no me vas a dejar.

Me recuerda a Tomás... ese discípulo que dudó después de la resurrección, y sinceramente le pidió a Jesús:

«AYUDA A MI INCREDULIDAD».

Y se limpió las rodillas, sin sentir nada. Un encargado vigilaba de lejos como testigo. Entonces, un viento fuerte se levantó y produjo una ola que la alcanzó. Era Él, que lavaba los pies que lo habían traicionado y los cuales, de ahora en adelante y por Sus fuerzas, caminarían con decisión, aun si imperfectamente, en pos de Él. Pies que había escogido para dar una vuelta en U, hacia otro propósito. Pies que ahora correrían en contra de la corriente, con mucho sacrificio y también con un gozo incomparable. Pies que serían atravesados por dolor, como los de Aquel que la salvó.

Cada día en ese centro de rehabilitación, ella caminaba por la playa, recogía una caracola rota, se la ponía cerca de la boca, le susurraba algún dolor, lamento o vergüenza y la arrojaba tan lejos como podía. Luego, se agachaba y recogía una caracola perfecta y la guardaba, creyendo en lo que alguna vez había oído... que el Señor es fiel para dar nuevos comienzos y ahogar lo que fuimos con el amor que es más vasto que ese mar.

Fue un ejercicio al parecer simple, pero sumamente difícil para una chica adicta que, hasta ese punto, había logrado engañar al mundo, y hasta a ella misma, detrás de una fachada de autosuficiencia. Ese mar lavó su maquillaje, que era la soberbia. Dios estaba desbaratando su teatro y pulverizando su ilusión de control.

Regresó llena de caracolas y empapada de Él; sedienta, saciada y… enterada de que caminaría con esa espina.

Es extraño, pero rendirse es declarar nuestra sed para ser saciados y, al mismo tiempo, recibir una sed que se incrementa a diario. Es empezar una relación que maravilla y enamora constantemente. Y, mientras sucede, va transformando. Y aun así… hay espinas que no se quitan. Dios las deja por amor y como señal de salvación. Ella lleva cicatrices del dolor pasado, en sus muñecas y en su corazón. Ella lucha a diario… ya comenzó a comprobar que esta nueva vida no se trata de felicidad efímera sino de santificación permanente. A Él no le interesa nuestra comodidad pasajera, sino nuestro carácter, incluso si el costo son las lágrimas por «un poco de tiempo».

Rendirse fue el comienzo de una pelea que necesita atención cada 24 horas. Pelea con su carne, con la duda, pide lo que no conviene, quiere la salida fácil y se enorgullece de «su» avance. Pero la espina, el aguijón, le recuerda y la ubica. Su debilidad es exactamente el secreto de su alegría; es lo que la hace capaz de verlo y correr a Sus brazos para experimentar Su fuerza. De otro modo, no podría, porque su tendencia natural la jala hacia el orgullo vez tras vez.

«¿Ya te arrodillaste?», le pregunta su madrina a diario. Si ella le dice: «No», la respuesta, esté donde esté, es: *«Ve al baño y hazlo».*

Lo hace a diario porque ese es el asunto: la dependencia. Ha comprendido que la esencia de su pecado no era su apetito de alcohol, sino su apetito de querer ser Dios y de jugar a decir lo que está bien o mal. Erró al blanco. Todos hemos errado de alguna u otra manera, porque venimos programados para creer esa mentira desde Génesis 3:

 Tú también puedes ser como Dios…

Arrodillarse la ubica. Arrodillarse la hace menguar, la hace amarlo más, la hace descansar. Ella es dichosa con todo y esa espina, porque la guarda de sí misma.

Ese día en que celebramos sus dos años de sobriedad, una de sus hermanas tomó la tribuna y le dijo: «Doy gracias a Dios por tu desierto, porque gracias a él, conocimos la libertad». Cuando Dios salva a alguien y lo deja «débil», tiene pensado hacer fuerte a muchos más.

Pablo nunca fue librado de esa «espina» (solo Dios sabe qué era) para bendición nuestra. Un presumido no califica para edificar el reino que tiene un solo Rey. Un presumido

que descansa en su destreza es extremadamente peligroso.
Un líder «cristiano» carismático y hábil, que duerme en su
almohada de autoestima elevada, es un desastre inservible
para el reino, aunque goce de la fama y aprobación del mundo
entero. Este reino, que no nos pertenece, se construye
con obediencia, no talento, porque jamás se ha tratado de
capacidad humana, sino de intervención divina.

Rompe el corazón oír a gente que habla de tal o cual
«siervo» que tiene el respaldo de Dios por la cantidad de
seguidores en las redes sociales o los eventos que llena. El
éxito de Dios se mide en servicio y fidelidad a obedecer lo
que Él manda cuando solo Él ve. Da terror pensar en que
podemos llegar a tener «éxito» usando nuestras fórmulas
humanas (porque eso es completamente posible). ¡Qué
pesadilla vivir cosechando fruto perecedero! Si nos va
«bien» sin pasar tiempo a solas con Dios, sin sed de la
Palabra, sin examinar nuestros caminos y sin clamar por
misericordia para nuestra ineptitud, estamos en grave
peligro y estamos edificando nuestro propio reino, uno con
fecha de vencimiento. Depender del Padre garantiza que
ninguno de nuestros esfuerzos será en vano... ¡para eso sí hay
recompensa eterna!

Si no identificamos nuestras espinas, somos ovejas perdidas
y sordas que no saben que están perdidas ni que están sordas.

No podemos oír al Pastor que llama. Somos ovejas con una crisis de identidad.

Pablo lo tenía clarísimo y, por eso, sin pedir disculpas lo escribió en 2 Corintios 12:

«POR LO TANTO, GUSTOSAMENTE HARÉ MÁS BIEN ALARDE DE MIS DEBILIDADES, PARA QUE PERMANEZCA SOBRE MÍ EL PODER DE CRISTO».

¡Esta es la bandera que ella levanta y por lo cual llegamos con un pastel decorado con caracolas! ¡Cualquiera que deja de hacer alarde de sus propias capacidades puede ser libre! Esto no es un concurso de fuerza de voluntad; se trata de ser dichosos juntos para llorar nuestra debilidad y entonces ser consolados, como expresa Mateo 5. Por esta razón, ella resiste otras 24 horas. Porque hace alarde de su debilidad y así hace que el poder de Cristo permanezca sobre ella. Se regocija como en 2 Corintios 12:10:

Por eso me regocijo en debilidades, insultos, privaciones, persecuciones y dificultades que sufro por Cristo; porque, cuando soy débil, entonces soy fuerte.

Ella no puede caminar a diario en la playa, pero sí camina a diario en la voluntad de Dios. Eso implica que es objeto de burlas y presiones, de envidias y rechazos. Cuando me cuenta lo que sufre en su lugar de trabajo, veo que la mayoría de la gente solo envejece y no madura. Sin embargo, atravesar todo eso es confirmación de que Él está siendo fuerte en ella, en su debilidad, con su aguijón. Tener el fin en mente la sostiene. Tener los ojos en Jesús la hace feliz, porque la opinión que más importa ahora es la de Él.

Los amados de Jesús somos llevados al límite de nuestra propia capacidad, a la orilla de la playa para contar caracolas y recibir una libertad que no se basa en fingir que somos fuertes, sino en ser empapados de gracia y capacitados por Su Espíritu, para caminar en rectitud, de regreso a Él, un día a la vez.

¡Felices 24!

Cada mañana se renuevan sus bondades;

¡muy grande es su fidelidad!

(Lamentaciones 3:23)

DOLOR VOLUNTARIO

 Por la fe Moisés, ya adulto, renunció a ser llamado hijo de la hija del faraón. Prefirió ser maltratado con el pueblo de Dios a disfrutar de los efímeros placeres del pecado. Consideró que el oprobio por causa del Mesías era una mayor riqueza que los tesoros de Egipto, porque tenía la mirada puesta en la recompensa. (Hebreos 11:24-26)

«EL DOLOR ES REDENTOR». Así dijo la doctora detrás del escritorio. Y yo me emocioné porque jamás había conocido a alguien que lo tuviera tan claro y lo dijera sin disculparse. Ella trabaja en una fundación que vela por pacientes con Alzheimer y otros males. Tiene experiencia en ver a gente atravesar esos valles una y otra vez. Sabe que hay cosas de este lado de la eternidad que no se pueden esquivar; cosas que este mundo caído nos hace pasar. Hay quienes no ven el dolor como extraño y existen los que comprenden más las palabras de Jesús sobre este tema que muchos que dicen amarlo...

Eso es lo que les toca a algunos, pero la gente se pregunta por qué hay quienes *escogemos* complicarnos la vida cuando todo parecía ir sin novedad. ¿Con qué necesidad?

Cuando el Señor llega a nosotros y nos rescata, nos hace parte de Su cuerpo. Nuestros cuerpos (como todo lo creado) anuncian una historia más grande… y cuando una parte del cuerpo se lastima, todo el cuerpo se activa para sanar y proteger. La sangre corre a reparar el daño. Si hemos sido reprogramados por Él, nuestra nueva naturaleza no será huir del dolor, sino correr a Él.

Cuando a mi amiga Sarita se atreven a preguntarle: «¿Con qué necesidad adoptaste si tus tres hijos ya están grandes?». Ella responde que es verdad, que ella no *necesitaba* otro hijo… lo que necesitaba era entender bien quién era su Padre y que, al entrar en esta relación complicada, lo ha conocido como nunca imaginó. En su caso, Dios usó la adopción. Lo que necesitaba era necesitar al Padre. Y es lo que todos necesitamos…

Dios nos llama a lugares donde no queda otra opción que necesitarlo para que veamos que ese es nuestro lugar feliz. Camino detrás de Su voz y me dirige por el camino angosto y la puerta estrecha… Su reino no es de este mundo y, para transitar por donde Él llama, es elemental despojarse. Nadie con raíces en esta tierra y sus enredos puede ir detrás de Él. Y es un proceso doloroso.

Este camino que se escoge aunque no se entienda no puede

funcionar con mapas o planes medibles, porque si es por gracia, es un regalo, y no es controlable. Cuando Jesús llama a seguirlo, no vende un paquete vacacional que promete las ganancias temporales que nuestro viejo corazón desea.

Cuando Jesús llama a la gente en los relatos bíblicos, los llama solo con la garantía eterna de Su presencia.

Solo...

A la fecha, no he conocido a alguien con raíces profundas en Cristo que haya llegado a ese punto, de fiesta en fiesta y esquivando el dolor. Cada cristiano verdadero que ama a Jesús lo ha conocido en el desierto, en la cárcel, en el estómago de un pez, en el exilio, en un establo apestoso, comiendo comida para cerdos o en la soledad de ser incomprendido... porque cada vez que Dios llama, nos insta a salir de la comodidad para, que estando allí, no nos quepa la menor duda de que Él es suficiente.

Uno escoge el dolor porque no hay otro camino para ser como Jesús, pero también porque dejamos de idolatrar la comodidad, nuestra imagen pública, nuestra seguridad y comprendemos que, sin importar la parte del medio, si nuestro final es Jesús, es un final feliz... hemos entendido que los cristianos *normales* hacen cosas difíciles. Y anhelamos esto más de lo que queremos cualquier otro ofrecimiento, por bueno y duradero que parezca. Porque, si hemos conocido al Jesús de la Biblia, entonces inevitablemente nos ha dicho: «Toma tu cruz, deja todo, ven y sígueme» y, si hemos visto nuestra pobreza, quebranto y enfermedad mortal, hemos dicho que sí con nuestra vida entera. Como Moisés, que lo *prefirió*. Preferir implica que tenía opciones. Siempre las hay. Aun cuando nos «toque» una situación dolorosa que no podemos escoger dejar atrás, siempre se nos da la oportunidad de ver a Dios trabajando y mirar con esperanza nuestra recompensa.

Preferir.

Antes de que el Señor se diera a conocer, preferíamos las tinieblas...

Esta es la causa de la condenación: que la luz vino al mundo, pero la humanidad prefirió las tinieblas a la luz, porque sus hechos eran perversos. (Juan 3:19)

Después de que se revelara a nuestra vida como el gran Yo soy, preferimos el camino angosto. Lo preferimos a Él, lo vimos y nos ofrecimos voluntariamente; se nos convencieron la mente y el corazón, vimos que no había mejor idea... ¡Qué gran contraste! ¡Qué gran locura! ¡Estuvimos dispuestos a perder! Nos unimos a las filas de los que, como Pablo, con un fin en mente, esperamos alcanzar eso que nos prometió.

> *Lo he perdido todo a fin de conocer a Cristo,*
> *experimentar el poder que se manifestó en su*
> *resurrección, participar en sus sufrimientos*
> *y llegar a ser semejante a él en su muerte. Así*
> *espero alcanzar la resurrección de entre los*
> *muertos.* (Filipenses 3:10-11)

El autor de esas líneas sí que sabía lo que duele perderlo todo: trayectoria profesional, reputación entre la élite poderosa, prestigio y los beneficios de ser tenido en alta estima en las esferas influyentes. Al conocer a Jesús, Pablo escogió participar de los sufrimientos de privarse de todo eso, pero llegar a ser de Él.

«El dolor es redentor»... así dijo la doctora detrás del escritorio y además agregó: «Jesús nos redimió por medio del dolor». Sí. El dolor nos redime —nos salva, rescata, libera— de las garras de este mundo. La gente que huye del dolor y pone todos sus huevos en la canasta de crearse una vida feliz y pintoresca es la que más terror le tiene a envejecer y morir, porque cree que su mejor vida es esta, o que es la única vida.

El dolor es redentor porque allí comprobamos que no fuimos hechos para esto, para ahora, que debe existir otra cosa.

Y nuestra alma clama. Y llama al Padre. Y el Padre acude. Y allí pasa el milagro que es como un abanico que se despliega... empezamos a ver que necesitarlo es nuestro lugar feliz y que Su abrazo basta; y eso trae alivio y una alegría que no conocíamos, en medio de atravesar voluntariamente lugares que la mayoría prefiere ver de lejos.

Si nuestro final es Jesús, nuestro final es feliz y nuestra voluntad rendida lo confirma.

CARTA PARA FULANO

ME ESCRIBIÓ RESPETUOSA PERO desesperadamente.
No sé cómo se logra eso en 140 caracteres, pero lo hizo.
Seguramente, Alguien más fuerte, grande y compasivo estaba
detrás de esto.

Un muchacho de otro país, que hacía un par de años había
sido rescatado por Jesús, me contó su tremendo dilema: a
pesar de luchar y rogar sinceramente, aún sentía atracción
hacia otros muchachos.

Me tomó meses publicarlo en el blog. Me debatí sobre
hacerlo o no, pero el amor y ternura que siento se volvió
más que en una carga, en una necesidad de ser compartida.

Ahora la incluyo en este libro porque, si este joven se atrevió
a confesarlo y escribirme, habrá una docena, un centenar o
un millón que jamás lo harán, pero que quizás, refugiados
en medio de estas páginas, se pueden sentir a salvo y
suficientemente anónimos como para leer algo más que
condenación y soluciones cliché.

Esta carta va dedicada a los que sufren en silencio y
lloran de vergüenza porque sinceramente tratan y no logran
«arreglarse». Esta es la versión extendida de la carta real que
le mandé a este hermano mío...

Querido Fulano:

*¡Wow! Fulano… primero debo agradecerte
la confianza que me has tenido para darme a
conocer esto. El Espíritu Santo está trabajando
en ti. Sin esa incomodidad e insatisfacción
profunda, no sentirías la necesidad de extender
la mano para pedir auxilio.*

*Lamento admitir que la iglesia en general
aborda este tema con demasiada simpleza,
escasa empatía y, a veces, hasta tremenda
crueldad, y me alivia saber que estás
insatisfecho… ¡porque Dios no te piensa dejar!
Él es tan bueno en verdad…*

*Lo primero que debo decirte es la verdad… el
mundo te grita que vivas TU verdad, que si no
satisfaces TUS deseos y TU versión de felicidad,
vas a morir incompleto e infeliz. Pero no es cierto.
El Jesús al que has decidido seguir nos invita a
tomar nuestra cruz, ir contra la corriente (incluso
de nuestra corriente privada) y experimentar algo
que no se encuentra por ningún otro lado.*

El meollo del asunto es que dejes de enfocarte

en tu desempeño y comiences a concentrarte

en Jesús y Su desempeño perfecto. Jesús

intercambió voluntariamente lugares contigo

para que Su trayectoria y vida perfectas

estuvieran a tu nombre, para que pudieras

venir a Su Padre y ser adoptado como hijo, y

para que Él no te viera a ti y tu vida rota,

sino a Jesús y Su belleza. Nuestra paz es que

Dios primero llama, y luego transforma. No al

revés. Él nos amó cuando estábamos muertos

en delitos y pecados. Esta historia de amor

la empezó Él, no tú. Él sabe TODO de ti y

siempre lo ha sabido, y aparece cada mañana

con ese mismo amor.

A medida que veas el valor —y la locura— de

ese intercambio, vas a tener más afecto por

Cristo y serás satisfecho. Todo lo demás será

añadidura. El «secreto» de la santidad no

es la fuerza de voluntad, Fulano; es confiar.

Confiar en que Jesús y el gozo que ofrece

si mueres a ti mismo serán infinitamente

superiores a dar tu brazo a torcer cuando la

tentación llame a la puerta. Es cuestión de confianza, no de fuerza.

Y nunca olvides que todos los que entraremos al cielo lo haremos únicamente porque el Dueño nos regaló el derecho porque Él es bueno, no porque nosotros seamos buenos, y porque llevamos una hermosa y enorme estampa encima que dice: «Pecador arrepentido».

Nadie puede mirarte con desprecio, porque tu lucha solo varía en la forma. Todos peleamos diferentes luchas y vamos en el mismo barco. Además, habrá luchas por pelear hasta el día en que muramos. Para muchos, es la mentira; para otros, es la glotonería y, para ti, es la homosexualidad. La promesa es que seremos perfectos por la gracia que nos lava y cubre y, el día en que lleguemos a casa, seremos libres completamente. Persevera.

Te digo… la solución no es que las señoras del ministerio de oración te consigan con quién casarte. Mucha gente heterosexual no vive

*una vida satisfecha en Cristo y se casa por las
razones equivocadas. Quizás nunca te cases;
eso no es pecado. Conozco gente soltera que
vive satisfecha en Jesús y su existencia es feliz
y plena; llena de vida, de servicio al prójimo y
de relaciones preciosas. Dios los hace habitar en
familia de manera diferente. En santidad. Él
siempre provee. Quizás… quizás, no se trate de
encontrar esposa, sino de encontrarte en Aquel
que más te ama en toda la galaxia.*

*Una última cosa: eres hombre. Hombre es el que
corre a Cristo sin máscaras, llora por ver muy
claro su pecado y muere a sí mismo por el bien
de otros y para la gloria de Dios. Llora. Llora
todo lo que tengas que llorar, porque eres de
barro y el Dios que te hizo lo sabe. Morir nunca
es fácil, pero no te quepa duda; eso es lo que hace
un hombre de Dios. Jesús es el máximo ejemplo
de hombría, porque no hizo lo que tenía ganas
de hacer, sino la voluntad de Su Padre.*

*Tu vida tiene propósito. Escóndete en Jesús
y, cuando te acerques al Padre, escucharás lo*

que le dice a Cristo: Este es mi hijo amado, en quien tengo complacencia. Eres Suyo, y Él no abandona la obra de Sus manos.

En Cristo,

Aixa

DESNUDA DETRÁS DE
LA ENSALADA

ELLA LLORABA AL OTRO lado de mi ensalada. Me llamó. Varias veces. Y aquí estábamos. Había luchado mucho sola. Sobre todo, con su vergüenza y con su orgullo. Y llegó al punto de no poder tachar el último paso en cada secuencia de consejos que había leído con tal de curarse. Porque no existe eso de la auto-sanidad o la auto-ayuda... la auto-salvación. Eso es un mito cruel.

Sí, ya había desnudado su alma frente al cielo y su Rey, pero aun después de ese acto de desafío a su propio reino escondido, faltaba ir y presentarse ante alguien más que la viera a los ojos con un corazón roto, libre y disponible.

Dejar ver su debilidad era lo último que quería, pero era lo que más necesitaba. El Dios que la hizo —que nos hizo—, sabe que nuestra carne nos jugará la vuelta, y conoce bien las viejas tretas de nuestro enemigo... ese enemigo que recalienta palabras sucias para convencernos de que no merecemos regresar otra vez con nuestro Padre y que tampoco tenemos un solo amigo que nos querría después de contarlo todo, porque somos un asco... así es como juega y miente. Satanás y el infierno tienen el mejor departamento de ventas y el peor servicio al cliente. El enemigo atrapa con promesas falsas y luego devora y abandona. Y pretende que nos quedemos así. Desolados.

El Señor no puede permitirnos esquivar el paso de confesar nuestra maldad a otro, porque sin compartir el quebranto, terminamos caminando torcido y escondiéndolo, como cuando dejamos un hueso roto sin atender y este busca soldarse solito y queda mal.

Dios usa voces de santos que han oído mil veces ese discurso acusatorio, pero que han respondido empujando más fuerte el discurso redentor que los ha hecho libres. El diablo no sabe contestar a la verdad que insiste; solo sabe recortarla y doblarla para pintar un retrato triste de Dios y así dejarnos pensando que nos irá mejor por nuestra cuenta. Y, si somos cristianos, no es posible esconder las heridas sin morir. Muchos mueren, no por la herida, sino por dejar que su podredumbre avance hasta el corazón, que es donde se guarda la esperanza.

Sus lágrimas rodaban en parte, porque pensaba que, al abrir la boca, saldrían piedras picudas que inevitablemente quebrarían la imagen que yo tenía de ella, y que mi amor saldría corriendo al oír el estallido. Porque el orgullo se mezcla con la vergüenza, como un aderezo venenoso. Si el diablo no

puede matarnos denigrándonos, nos mata enalteciéndonos...
diciendo que «esto no es tan grave», o que lo más importante
(y que debemos proteger a toda costa) es la imagen falsa que
proyectamos...

Y cuando abrió la boca, salieron piedras que cayeron de
su espalda, y pudo caminar más liviano. Y sí, se rompió su
imagen... y vi la imagen de Cristo en su quebranto; la pude
ver más bella y valiente que antes. Porque solo alguien que
ya entendió su valor en esa sangre tiene las agallas de decir lo
que hizo. Allí, en el medio del restaurante, del otro lado de mi
ensalada, vi a la mujer del perfume, sin más fuerzas para fingir
y sin más razones para hacerlo. Es un momento santo estar en
la mesa del Señor cuando una pecadora entra llorando para
derramar todo a Sus pies, sin considerar la vergüenza pública
como algo a lo cual temer más.

Ella vino a mí porque supo que yo había derramado mi
propio perfume, muchos años antes. ¡De cuánto nos perdemos
al jugar de ser iglesia mientras tapamos nuestras heridas y
caminamos torcidos con huesos mal soldados!

Mientras la veía y escuchaba, pensaba en cuánto anhelo
que mis hijos sean así. Porque pecarán y quebrarán alguno
de sus huesos... y le ruego al Padre que luchen hasta saber
que no se pueden sanar solos, y corran por ayuda. Que sean
libres, al destapar donde duele, porque eso es pertenecer al

Cuerpo.

Si confiamos en la manera en que Dios quiere sanarnos —que es mandándonos Sus abrazos y vendas en la forma de otras manos humanas— se genera una cadena... Recibimos gracia para luego atender una llamada, ir a un restaurante y mirar a los ojos a alguien que llora y decirle la verdad; para al final, abrazarnos y querernos más que antes.

 Por eso, confiésense unos a otros sus pecados, y oren unos por otros, para que sean sanados...

(Santiago 5:16)

En silencio y en chiquito

CUANDO DIOS ESTÁ SALVANDO, se ve como cualquier cosa. Así se ve. A veces, pareciera que Dios hubiese olvidado lo que dijo que haría. Pero es imposible. Porque es Dios.

Si todo el Antiguo Testamento es solo una trompeta que anuncia que Dios bajaría a salvar al mundo, así lo haría. Y pareciera que, después de toda esa introducción, vendría como cuando abrió el mar y pasó Su pueblo. O como cuando habló con Moisés en el monte, en medio de truenos. Algo espectacular.

Pero no.

La salvación no empieza con ruido, sino en silencio y en chiquito. Todos los días, las orugas se vuelven mariposas para contar esa historia, y millones nacen a nuestro alrededor sin que nadie lo note.

Todo lo profetizado se estaba acercando a su cumplimiento; Dios hecho carne tuvo una hora y un lugar donde arribar. Pero, cuando José y María tocaban la puerta, nadie podía ver más que a una parejita joven, con una molestia extra… nadie tenía tiempo ni espacio para «otro».

La historia de la humanidad se estaba partiendo en dos entre esos dolores de parto y el olor a establo. Y Belén en su rutina. Parecía una noche totalmente normal. Dios desbordaba de amor y respiraba por primera vez con pulmones de recién nacido, llorando con potencia por un poco de leche… y el mundo no volteó a ver.

La redención de la humanidad no comienza en el Calvario. Comienza en Belén, y antes de eso. Como bien dijo Raúl Garduño Jr.:

«ANTES QUE DIOS DIJERA: "HÁGASE LA LUZ", DIJO: "HÁGASE LA CRUZ"».

Dios puso en marcha nuestro rescate desde el inicio, antes del pecado, porque fuimos creados para darle gloria, y nada le trae más gloria que rescatar rebeldes traidores y hacerlos hijos… Y, a menudo, esa salvación está ocurriendo pero el mundo parece ignorarlo por completo.

Dios nunca ha dejado de trabajar. No duerme ni se toma días libres. Está haciendo lo que dijo que haría. La primera fase del plan está completa; eso quiere decir que lo que falta —Su regreso para restaurar todas las cosas— también se cumplirá. No lo ha olvidado y la salvación sigue recogiendo los frutos que daría. Aunque haya días donde pareciera que no está pasando nada.

No temas, gusano Jacob, pequeño Israel

—afirma el Señor—, porque yo mismo te

ayudaré; ¡el Santo de Israel es tu redentor!

(Isaías 41:14)

… Jacob siervo mío, no temas; no te asustes,

Israel. Porque te salvaré de un lugar remoto; y

a tu descendencia, del destierro. Jacob volverá

a vivir en paz; estará seguro y tranquilo.

(Jeremías 46:27)

OTRO TIPO DE PERFECTO

JAMÁS SERÁ FÁCIL ATENDER una llamada en la que nos piden ir a orar por un recién nacido sin expectativa de vida. Es de las llamadas que uno preferiría jamás tener que atender. Bebés con terribles defectos congénitos, problemas de arriba abajo, y días cortos y agónicos.

No es lo que uno ve en su mente cuando le anuncian: «Es positivo, está embarazada».

Uno ve los anuncios de mamás bien maquilladas y con cada cabello en su lugar, sonrientes, descansadas y con un bebé rozagante, redondo y, una de dos: ¡o sonriente o pacíficamente dormido! A pesar de que en los últimos años hemos visto un aumento de realismo en los medios, aún se alimentan las falsas expectativas y, en un sentido, me recuerdan a los anuncios de bebidas alcohólicas que solo muestran a la gente pasándola bien y jamás enseñan el otro lado que suele acompañar este asunto.

Demasiadas veces, oigo gente que habla de tener hijos como si se tratara de tener mascotas o un nuevo proyecto que pueden orquestar a su gusto, como si los hijos se trajeran al mundo para satisfacer nuestras propias necesidades. De hecho, los *baby showers* están llenos de mensajes como: «Los bebés solo traen alegría!». Perdón, pero no siempre. Ni siquiera en el caso de un bebé «perfecto».

¿Qué es *perfecto*, después de todo? Y ¿de acuerdo con los estándares de quién?

El problema de nosotros es que nuestro concepto de perfección está limitado a nuestra experiencia humana, y eso reduce las posibilidades de ver gloria en cada evento que no encaja con esa pobre idea.

La mayoría pasa la vida viendo la cara de Dios donde es obvia, olvidando que Él está en las salas de cuidado intensivo, los ultrasonidos que anuncian malas noticias y las salas de parto donde no se oye llanto de bebé… Su perfección no es humana y los humanos no tienen mentalidad divina, así que, a menudo, nos cruzamos. Las mañanas grises glorifican a Dios tanto como las que están llenas de mil colores; lo que pasa es que hay parte de esa gloria que no comprendemos. Esos días «malos» siguen siendo regidos por el mismo buen Dios.

Alguien que me diga: ¿por qué un bebé con retos físicos o cognitivos, o que viene a quedarse solo unos días, carece de propósito o destino?

Nada de eso. Yo creo en lo que el Salmo 139, escrito para darnos una vista impresionante de un Dios que nos conoce a la perfección, declara:

> *Tú creaste mis entrañas; me formaste en el*
> *vientre de mi madre. [...] [S]oy una creación*
> *admirable...* (vv. 13-14).

Todos los bebés son creaciones admirables, aun cuando al ojo humano no le parezca.

Se estima que, en Estados Unidos, un 20% de la población sufre de alguna forma de discapacidad. ¡Y eso que es en un país del «primer mundo»! Podríamos entonces decir que la debilidad también debería tocar nuestras vidas y nuestras congregaciones en una manera u otra, por más que nos ilusione pensar otra cosa. Esto está escrito con la gente que tiene sus manos llenas con un bebé que simplemente no se «mejora»; para quienes esto es una realidad que no puede esquivarse.

Bob Horning y John Knight son amigos y hermanos que se congregan en la misma comunidad de fe, pero también comparten que Dios los bendijo con ser padres de hijos con dificultades médicas severas. Juntos, coordinan un ministerio de apoyo dentro de su congregación (Iglesia Bethlehem en Mineápolis, Estados Unidos) para familias que, como ellos, deben lidiar con situaciones difíciles día a día. Esta es parte de la visión que establecieron:

Queremos que nuestras vidas reflejen un gozo inamovible

en el Señor, que nos permita abrazar una vida de sufrimiento en la discapacidad para Su propósito y Su gloria. Queremos gritar que la vida con discapacidad y con Jesús, es infinitamente mejor que un cuerpo sano sin Él. Junto a Pablo, decimos que

> *«... los sufrimientos ligeros y efímeros que ahora padecemos producen una gloria eterna que vale muchísimo más que todo sufrimiento».*
> (2 Corintios 4:17)

Situaciones en las que se sufre tanto no parecen ni ligeras ni momentáneas, pero Dios, en Su gran amor y misericordia, nos hará ver que tiene pensado glorificarse eternamente en nuestra historia. Cuando descubrimos eso, la perspectiva cambia. Bob y John también expresan abiertamente mucha gratitud por cómo Dios usa la debilidad de sus hijos para hacerlos depender de Él.

Los lugares apretados y difíciles están diseñados para hacernos mirar hacia arriba. Ninguna de nuestras penas viene sin un plan con final en mente. No somos ovejas sin pastor ni barcos a la deriva. Le pertenecemos al Señor. Nos ama. Esto es parte del plan para llevarnos a morir a nosotros y vivir para Él. Todo tiene como fin hacernos más como Su Hijo.

Llegaremos a la tumba con cicatrices y lágrimas, pero menos parecidos a cuando empezamos y más parecidos a Jesús. Si estamos en donde estamos clamando que queremos a Jesús, estamos en el lugar más perfecto.

Juan 9 cuenta de la vez en la que Jesús vio a un ciego de nacimiento, y los discípulos, al verlo fijarse en él, le preguntaron: «¿Quién pecó?». Ese es nuestro modo natural de ver las cosas: encontrar al culpable, porque solo lo vemos como un problema por resolver, no una criatura que habla del Creador. Jesús les contestó que este asunto no se debía al pecado de él ni de sus padres... ¡Cuánto dolor ahorraríamos a nuestras familias que sufren si les dijéramos claramente que ese diagnóstico no es un castigo divino!

«Ni él pecó, ni sus padres —respondió Jesús—, sino que esto sucedió para que la obra de Dios se hiciera evidente en su vida» (v. 3). Y, en esa ocasión, la obra de Dios se hizo evidente, como aún lo hace, regalando sanidad física.

Pero no siempre es así. Y debemos considerarlo. John Piper y Tony Reinke, en su libro *Disability and the Sovereign Goodness of God* [Discapacidad y la bondad soberana de Dios], exponen que Dios puede desplegar Su gloria quitándonos lo que nos duele o sosteniéndonos mientras dure el dolor. Para muchos, la segunda es la manera en que Dios es glorificado. Pablo mostró asombrosamente la gloria de Dios cuando el

Señor le respondió: «Te basta con mi gracia, pues mi poder se perfecciona en la debilidad», después de que rogara ser liberado de su «aguijón», que pudo haber sido enfermedad o cualquier otra cosa. Así que las obras de Dios son ejecutadas sin falla, y se manifiestan perfectamente, ya sea en escenarios como el de Juan 9 o el de 2 Corintios 12:9.

Dios es el único diseñador de bebés, y ninguno nace sin pasar por Sus manos. Por más fuerte que suene, Dios no se queda dormido, nace un bebé con algún síndrome y luego Él dice: «Bueno... veré cómo hago para que esto encaje».

Asombra cuán a menudo hacemos referencia a Moisés y olvidamos su tartamudez y el hecho de que no hay registro de que Dios lo haya sanado. ¡Lo mejor de todo es que está escrito que Dios asume la responsabilidad por ese «defecto»! Amo leer las palabras impresas en Éxodo 4:10-12:

Señor, yo nunca me he distinguido por mi

facilidad de palabra —objetó Moisés—. Y

esto no es algo que haya comenzado ayer ni

anteayer, ni hoy que te diriges a este servidor

tuyo. Francamente, me cuesta mucho trabajo

hablar. —¿Y quién le puso la boca al hombre?

—le respondió el Señor—. ¿Acaso no soy yo, el

Señor, quien lo hace sordo o mudo, quien le da la

vista o se la quita? Anda, ponte en marcha, que yo

te ayudaré a hablar y te diré lo que debas decir.

Ese hijo con síndrome de Down, con Asperger, con parálisis cerebral, con dislexia… fue diseñado exactamente como Dios deseaba, y podemos descansar en las palabras que el Diseñador le dijo a Moisés:

«ANDA, PONTE EN MARCHA, QUE YO TE AYUDARÉ».

Esos bebés por los que hemos ido a orar son diseño divino, tanto como los bebés «perfectos» por los que las casas se llenan de globos y felicitaciones. Ellos también traen una misión, aun si no se desarrolla a lo largo de 50, 60 o 70 años. Su mensaje sigue siendo poderoso y dulce, tierno y contundente. Dios sigue siendo Dios a través de sus cuerpos frágiles; sigue contando de Su amor en sus latidos… y ellos llegan al cielo con su misión cumplida.

Las noches con niños «difíciles» pueden ser muy largas, pero las mañanas jamás han llegado sin nuevas misericordias. Nunca. Lo que pasa es que llega el día cuando al fin podemos verlas. Llega el día cuando pasa lo que dice Romanos 12:2, y se nos transforma la cabeza —y por ende, el corazón—, y podemos comprobar que la voluntad de Dios es buena, agradable y perfecta... siempre. Y esto es independiente de nuestras opiniones o de los diagnósticos médicos. Dios es bueno. Es perfecto. Siempre. No existe mañana sin que se renueve Su misericordia.

¿Qué va a pasar hoy? No lo sé. Pero Aquel que sabe lo planeó y, no existe separado del amor y de un fin bueno en mente... Es decir, este día está siempre dentro de Su amor, y nos transforma para parecernos más a Su Hijo. Traiga lo que traiga el día, me rindo. Es pura misericordia, es bueno, es agradable, es perfecto. Porque no ha salido de Su vista ni de Su plan.

Todos somos perfectos para diferentes misiones. Algunos somos perfectos para encontrar lecciones a lo largo de una larga vida; otros son perfectos para darnos grandes lecciones en unos cuantos días. Que no nos equivoquemos más pensando que sus historias tienen error o falta de toque divino. Somos una creación admirable y «perfectos» para nuestro propio destino, a los ojos de Dios. Todos.

MARÍA MERCEDES

Pero ahora, así dice el Señor, el que te creó,

Jacob, el que te formó, Israel: «No temas, que yo

te he redimido; te he llamado por tu nombre; tú

eres mío». (Isaías 43:1)

QUIERO QUE EL MUNDO sepa tu nombre. Porque eres real. El hecho de que no pudiéramos llevarte a tu cuna para arroparte, no quiere decir que no llegaras a casa y que estés perfectamente arrullada en los brazos hermosos que te hicieron.

Nos alistamos para tu llegada. Yo empaqué un suetercito de crochet amarillo y le puse una tarjeta con tus iniciales. Tu mamá escogió tu nombre... pero sé que el cielo lo sabía desde antes, porque ninguno nace sin recibir el regalo del aliento que solo Dios provee. ¿Quién diría que el colosal e incomparable Dios del universo usa Sus propios dedos para formar los ventrículos de cada corazón que hace latir para añorarlo? Solo Él genera vida. No podías venir de otro lado. Por eso sé que Él sabe tu nombre y lo pronuncia con ternura, porque siempre te ha amado.

Y recibí un mensaje. Llegaste, pero no como pensábamos. Hay llantos que uno espera con ansias y alegría. Llantos de

recién nacido. Pero no sonaron. Viniste en silencio porque
ya te habías ido. Viniste en silencio porque lo que tenías que
decir, lo dijiste sin palabras. Y quiero que te oigan.

Me subí al carro sin el paquete con tus iniciales y con el
corazón tan roto que se me salían muchas preguntas. En el
camino, le pedí al Señor que me concediera lágrimas. He
llegado a preferirlas, más que los discursos o las razones…
apuesto a que Job se sintió más consolado y amado mientras
sus amigos callaron y lloraron, que cuando abrieron la boca…
¡y ni hablar de la esposa!

Cuando Dios decide cambiar los planes de alguien que amo,
y me duele… lloro con Él. Él sabe que soy de barro y que es
difícil caminar en este mundo roto. No me escondo… y antes
de llegar donde está la persona que está sufriendo, le pido
primero poder unirme a ellos llorando… ¿Dame lágrimas?

¿Ayúdame a llorar?… Sí, porque nos hacemos amigos en la
risa, pero nos hacemos familia en las lágrimas. Las raíces de
un árbol que llega a ser frondoso y fuerte solo crecen más
profundas bajo la lluvia.

Abrí la puerta de ese cuarto de hospital y miré a tu mamá
a los ojos. Unos ojos demasiado agotados por quererte ver y
demasiado tristes porque debían fijarse bien en tu belleza
perfecta, una sola vez. Párpados que querían dejar de tratar.
El vientre que te había sostenido, vacío. Esos pechos que te

llamaban con su calostro.

Dos o tres amigas más. Dos o tres ramas de tu árbol
genealógico... nos veíamos rotas. Unidas al tronco, pero como
se ve un árbol después de una tormenta.

Me permití abrazarla y, juntas, lloramos más y mejor. Porque
cada una había llorado afuera del abrazo. Llorar mientras se
nos abraza tiene la potencia de mil poemas declamados. Y
Dios está en medio, contando las lágrimas. Lloramos porque
amarte sería diferente ahora... te fuiste, pero no podemos
dejar de amarte. Ahora, sería cuestión de decir tu nombre
y dejarte ir; y pensarte y esperar el día de volverte a ver.
Celebrar el día que naciste... no con piñata ni pastel; sino con
oraciones y silencios, y, con el tiempo, con lágrimas de gratitud,
porque fuiste como un cincel usado por Dios para darle otra
forma a nuestro corazón. Un corazón menos enraizado en lo
que los ojos ven y más enamorado de lo eterno.

María Mercedes, el mundo necesita decir tu nombre,
porque existes desde que Dios te planeó en Su propio corazón.
Tenía escritos tus días en Su libro antes de que pasara uno
solo (Salmo 139), y tu vida tuvo valor desde el día de tu
concepción. Nunca tuviste valor por lo que lograrías, sino
porque Él te formó y porque eras de una mamá y una hermana
grande, una abuelita y muchas tías... nuestra. Tu mamá
te amó y aún lo hace, porque las familias humanas fueron

diseñadas para contar una historia más maravillosa y grande: el amor verdadero no llega por mérito. Llega antes de que lo merezcamos y se queda después de confirmar que seguimos sin merecerlo.

El amor que te tenemos cuenta de un amor de cruz, que se entregó cuando éramos incapaces de ganarlo. No diste el primer paso. No corriste ni ganaste una medalla. No oímos tu primera palabra ni aprendiste otro idioma. Y tenías nombre y un lugar asegurado. Y los sábados aún son días difíciles para tu mamá... ese fue el día que Dios escogió para que nos dijéramos «hola» y «hasta pronto».

Y un día después, ese árbol golpeado por la tormenta se dio cita en el cementerio. Y volví a mirar a tu mamá a los ojos. Y le dije que Narnia es verdad. Que Aslan se entregó y rompió la piedra en dos, por días como ese. Que ya iba a amanecer. Que este no es el final. Que era nuestro día de llorar y esperar. Que no era tiempo de analizar ni entender. Era tiempo de confiar. Porque nos ama.

Necesito escribir tu nombre y que sea pronunciado, María Mercedes, porque existes. En medio de un holocausto moderno, que se lleva a cabo en clínicas finas y también en callejones oscuros, y detrás de sonrisas filtradas en las redes sociales, hay dolores e historias de vergüenza que quieren ignorar el valor de los miles que no gozaron de oír su nombre. Mamás que negaron no solo su maternidad, sino al Autor de cada vida y cada vientre que la porta. Detrás de muchas fotos filtradas y publicaciones editadas, hay muchachos que no supieron ser padres, porque no comprenden lo que es ser un hombre verdadero. Eternos niños que hacen lo que sienten, no lo que deben; llevados por los aires de sus emociones; varones sin valor; niños que crecieron en talla de zapatos, pero sin la fuerza de espíritu para caminar en rectitud e ir en pos de un amor sacrificial por el bien de alguien más. Hombres sin hombría, hombres sin Cristo.

Tu breve vida terrenal y tu alma eterna son una bandera que declara a un Dios temible y poderoso, que se ocupa de diseñar amaneceres y moldear barro con ternura para crear vida en los vientres, todos los días. Tu estancia efímera entre nosotros no te hace invisible. Que no hayas alcanzado una mayor estatura no encoge a Dios. No existen fosas comunes en el cielo. No existen tumbas ni personas vivas anotados en una lista como números de expediente. Allá, todos los que llegan son conocidos, abrazados y llamados por su nombre. El tuyo debe ser dicho y cantado, en honor de todos aquellos pequeños que fueron despedidos sin ese regalo.

De alguna manera, pensamos que, si no los nombramos, ellos no son personas y desaparecen... pero Dios conoce a cada uno. Por nombre.

Lo veremos a los ojos algún día. Tu mamá llegará a la

meta y verá a Jesús, con esos ojos cansados de llorar y los párpados que se quieren rendir. Pero, en cuanto llegue, las dudas saldrán huyendo porque ella verá que, desde donde Él está, esto debía ser exactamente así. Y lo amará más y cantará de gratitud. Los brazos de tu mamá serán llenos otra vez. Y, juntas, serán dichosas, no por estar juntas, sino por estar por fin en el lugar perfecto: ambas arrulladas por ese par de brazos hermosos que las hicieron.

ÉL CONSTRUYE CON FUEGO

 Queridos hermanos, no se extrañen del fuego de la prueba que están soportando, como si fuera algo insólito. (1 Pedro 4:12)

ESA BODEGA CONTENÍA MUCHO más que mercadería. Contenía muchos años de desvelos, sueños, trabajo duro y oraciones.

Ella recuerda haber llegado a un punto en el cual dejó de moverse o buscar qué hacer, y, mientras todos corrían alrededor, hacían llamadas y ayudaban a los bomberos, le dijo a Dios:

«YO ORÉ. TE ENTREGUÉ ESTO. TE ROGUÉ QUE ME PROSPERARAS... ESTA DEBE SER TU RESPUESTA».

Esta debe ser tu respuesta.

¿Quién habla así? Con esa calma, con ese temple... con esa certeza... pues alguien que conoce al Dios de la Biblia. Alguien a quien Dios ha perseguido y alcanzado con Su amor y a quien ya le ha quedado claro que Su fidelidad se comprueba pasando por fuego.

«Si ya he quedado sin nada y Dios ha estado allí, volverá a estar conmigo en medio de lo que pase», pensó, resuelta.

Dios construye diferente y, a veces, nuestros ojos nos quieren convencer de que lo que está haciendo es destruir por placer. No puede existir una explicación de por qué quita lo que quita o da lo que da.

Pedimos prosperidad y manda fuego que consume lo que pensamos que es Su bendición. Pedimos ayuda y lo que envía es una situación que nos incomoda y nos pone en aprietos justo antes de Navidad. Trabajamos obedientemente y nos deja con las manos vacías.

Y lo que parece ceniza es el fundamento sólido sobre el cual Él construye Su reino. Maravillosamente contrario a nosotros. Maravillosamente enorme e impredecible.

Cuando visité Israel, aprendí mucho. El guía nos explicó que el Imperio romano (también los españoles que conquistaron en América) tenía por costumbre conquistar y luego construir algo nuevo, de diseño obviamente nuevo, sobre las ruinas. Es muy interesante que hoy en día se puedan ver también ambas cosas: lo viejo ya excavado y expuesto debajo, y lo «nuevo» edificado arriba.

Dios no hace eso. Él no puede dejar vestigios de nuestro viejo reino al querer ocupar el trono de nuestro corazón. No. Dios derriba y arrasa nuestro reino personal, nuestros ídolos, nuestra vieja naturaleza, nuestra mentalidad humana y eso en lo cual teníamos nuestra identidad, para darse lugar y darnos lo mejor: Él mismo.

A Él no le interesa quedar bien con nuestra agenda o cumplir nuestros requisitos. Por eso me da pena —y un poco de *risa*—, pero sobre todo, pena y angustia, que la gente enseñe y practique eso de «declarar» y «arrebatar»… porque nosotros no le decimos a Dios cómo deben ser las cosas. Él es soberano y, por amor, trae al suelo lo que tenga que traer porque Su primordial interés es lo eterno, no lo terrenal.

Marcos 10 relata de la vez que Jesús tuvo un encuentro con un joven rico que pensaba muy bien de sí mismo. Y el Señor —literalmente, en el verso 21— *lo mira con amor* y le pide que abandone lo que más ama… porque siempre habrá problema si queremos seguir a Jesús mientras guardamos nuestros viejos amores para que no los alcance Su fuego. Todo lo que interrumpa nuestra necesidad de Él debe ser consumido.

Y nada de lo que deba ser arrasado es necesario. Jesús ve nuestro interior como a través de rayos X y, allí adentro, en lo más recóndito de nuestro corazón engañoso, hay bodegas llenas de planes B que necesitan morir para que Él viva, porque Él no es un extra. Él es todo.

Las llamas arrasan para que Dios pueda construir lo eterno. Él construye con fuego porque nos ama demasiado para dejarnos aferrados a lo que, tarde o temprano, perderemos. Es realmente un acto de misericordia ser despojados para poder arrojarnos a Sus pies y quedarnos con la mejor parte.

¿Has oído sobre Marta y María? El relato de un par de hermanas completamente opuestas —como suele ser en las familias— se narra en Lucas 10:38-42. Jesús llega de visita y cada una hace algo diferente. Están la hermana hacendosa y la que prefirió quedarse quieta y mirarlo a los ojos mientras Él hablaba. La que pensaba que por su trabajo e iniciativa iba a demostrar su amor a Jesús y la que había comprendido que, a veces, la mejor parte es callarse y dejar que nos enseñe quién es Él, desde arriba. La que pensaba que podía ayudarlo y la que sabía que ella era la que necesitaba ayuda. La que suponía que prosperaría por su mero esfuerzo y voluntad y la que prosperó porque lo dejó hablar a Él. Marta aprendió de la quietud de su hermana y vio el deleite de Jesús en esa actitud de plena confianza en Su presencia. Jesús demostró que la idea que tenía Marta era equivocada. La dejó despojada. Estar quietos, ser testigos y estar conscientes de que nada de lo que Él nos da o quita es al azar, es descanso para el alma.

Si alguna vez decimos con toda sinceridad: «Prospérame», muy probablemente, la respuesta no vendrá como esperamos. No obstante, vendrá, porque nos ama, y construirá con fuego porque, a menudo, los monumentos que le dan más gloria no se miden en metros cuadrados, sino en el tamaño de nuestra confianza en Su soberanía.

Un año después, ella se volvió a parar para hablar con Dios. Y todos escuchamos maravillados porque, en medio de la inauguración de la nueva bodega, lo material era lo que menos importaba… ella y su familia salieron del otro lado del fuego menos impresionados con sus habilidades y planes, y más descansados y contentos, más purificados y humildes. Dios estaba más cerca.

Él se construye monumentos en nuestra vida que son invisibles y más que hermosos, eternos. Él solo puede habitar en corazones que han sido previamente arrasados por el fuego, vacíos y sedientos de salvación.

 El oro, aunque perecedero, se acrisola al fuego.

Así también la fe de ustedes, que vale mucho más

que el oro, al ser acrisolada por las pruebas

demostrará que es digna de aprobación, gloria y

honor cuando Jesucristo se revele. (1 Pedro 1:7)

3

ESPERANZA VIVA

SER DISCÍPULO no ES indoloro, PERO ES Glorioso*

La llamada

ERA SU ÚLTIMA NOCHE en el hogar de niños y la mañana parecía no llegar jamás. Porque no nació para eso. Para dormir en ese lugar donde se tapaba con sábanas prestadas y donde nadie compartía su apellido. Nadie nació para no pertenecerle a alguien más grande. Su alma estaba segura de eso y, cuando llamamos, contestó.

Contestó porque su corazón ya no estaba en ese lugar; estaba con nosotros. Contestó porque ya no pertenecía allí. Contestó feliz, pero lloró.

Y dijo: «Vengan. Ya no quiero estar aquí».

Algo pasa cuando un hijo dice esas palabras al teléfono. Los ojos de Alex y los míos se encontraron y, aunque no dijimos nada, saboreamos las lágrimas de ella en nuestras propias gargantas. Y se nos rompió el corazón, aun sabiendo que todo estaba en orden para llegar por ella y empezar su nuevo «para siempre».

Esa noche fue eterna. Lo único que mis brazos querían era tomarla, salir corriendo y no soltarla jamás. Mi necesidad de madre era iniciar el proceso de sanación tan pronto como el reloj lo permitiera. Sus lágrimas me obligaban.

Pero hay quienes no lloran. No quieren la llamada, la visita, la entrega a un nuevo destino o un nuevo nombre. Dicen

que los dejen en paz porque el hogar de niños es su familia.
Generalmente, son los «grandes». Porque eso es su «normal».
Prefieren no ser hijos, porque piensan que ya lo son. El
sistema los ha atrapado y, con el tiempo, ellos han abrazado al
sistema. Mueren lentamente aun sin darse cuenta.

Y cada vez entiendo menos a los «cristianos» que celebran
que Jesús nació pero que jamás piensan en que va a regresar,
y menos entiendo que no añoren esos brazos santos para que
empiece ese perfecto «para siempre». Los insulta el mensaje
que los anuncia como huérfanos y desvalidos, y a Él como el
que viene a salvar...

El Padre llama. Si somos Suyos, admitimos nuestra condición
caída y contestamos el teléfono llorando. Anhelando que venga
por nosotros. Porque nos tapamos con sábanas prestadas en
este mundo que no es nuestro hogar. Y su calor no es suficiente.

Nuestra fobia al sonido de la trompeta que lo anunciará es
síntoma de que nuestro corazón está invadido por el sistema
de este orfanato llamado *mundo*, y de que hemos llegado
a razonar que no necesitamos padre, que esto es lo normal,
que podemos vivir bien sin Él —a nuestra manera— y que
nuestra mejor vida es ya. Jamás alguien así recibirá la llamada
con gozo desesperado. Jamás anhelará Su regreso. Jamás
descansará en recibir el regalo de un nuevo nombre, que

garantiza que pertenecemos a Alguien más grande. Sentirnos demasiado a gusto en este mundo nos imposibilita llorar y gozarnos por el regreso del Señor. C. S. Lewis lo expresó muy bien en *El peso de la gloria:*

«SOMOS CRIATURAS SIN ENTUSIASMO JUGUETEANDO CON BEBIDAS Y SEXO CUANDO SE NOS OFRECE GOZO ETERNO, COMO CUANDO UN NIÑO IGNORANTE QUIERE JUGAR CON EL LODO DE LA POCILGA, PORQUE NO SE IMAGINA LO QUE SE LE OFRECE, UNAS VACACIONES EN LA PLAYA. SOMOS MUY FÁCILES DE COMPLACER».[7]

Sin embargo, Él nos tiene compasión y nos llama; entonces comenzamos a anhelarlo.

Nosotros llegamos por ella un lunes. ¿Cuándo vendrá Él?

No sé. Pero si nosotros llegamos por nuestra niña, Él, que es perfectamente fiel, vendrá. Esa era la misma esperanza del apóstol Pablo que, con palabras profundas, exclamó:

Sabemos que toda la creación todavía gime a una, como si tuviera dolores de parto. Y no solo ella, sino también nosotros mismos, que tenemos las primicias del Espíritu, gemimos interiormente, mientras aguardamos nuestra adopción como hijos, es decir, la redención de nuestro cuerpo. (Romanos 8:22-23)

QUE NOS PREGUNTEN

LA GENTE PIENSA QUE conoce a los que nos llamamos «cristianos». Pero hay estereotipos. Nos reconocen por lo que hacemos y, a veces, más por lo que no hacemos. Por nuestras agendas de domingo en la mañana. Por nuestras estaciones de radio y nuestras calcomanías en el carro. Por nuestras camisetas con versículos. «No que eso tenga algo de malo», diría Seinfeld.

Pero hay algo que debe causarles una profunda intriga; aun cuando crean conocernos.

Porque cualquier mortal en circunstancias «felices» pasa desapercibido si se muestra feliz. Eso es lo lógico, lo esperado. Pero el que en medio del quebranto sigue diciendo que Dios es bueno, *ese* suscita preguntas. Partiendo del hecho de que sus hermanos vivían de tal modo que provocarían dudas, Pedro escribe, en su primera carta:

> *... Estén siempre preparados para responder a todo el que les pida razón de la esperanza que hay en ustedes.* (1 Pedro 3:15)

La marca del verdadero discípulo no está por fuera. Está tallada en un corazón que ha llorado y sigue confiando. El verdadero discípulo está loco... no solo soporta las pruebas y pérdidas, sino que también reconoce que todo es provisión divina para ser transformado a la imagen de Cristo, y que ninguna de sus lágrimas es desperdiciada. Ese tipo de esperanza desborda hasta provocar intercambios con gente que no comprende nuestros motivos.

Pero eso no es todo.

El que pertenece al Señor verdaderamente recibe el regalo de regocijarse *en* el sufrimiento. Es una verdadera locura. No se regocija porque no lo ha alcanzado el dolor o porque ya pasó; *se regocija mientras pasa por él*. Es lo más ilógico y contracultural que existe. Por ejemplo, el famoso Salmo 23 (LBLA) no dice: «si llego a pasar por el valle de sombra y de muerte», sino «cuando pase».

Los discípulos debemos vivir vidas que provoquen conversaciones en las que se nos pida razón de nuestra esperanza, no de nuestros prejuicios o hábitos externos. Dar gracias, perseverando en adorar mientras todo se derrumba, desubica a los que creen conocer lo que es un cristiano. Y, sorprendentemente, también deja perplejos a los que se llaman a sí mismos cristianos, pero que al momento de la prueba, se dan cuenta de que, en realidad, llevan una vida llena de rutinas religiosas sin gozo y sin verdadera convivencia con su Dios. Los que son cristianos así (cristianos nominales, porque solo tienen el nombre) a menudo no se dan cuenta de que atravesar los valles de sombra y de muerte no es para un grupito de miserables que necesitan alguna lección especial, sino parte del llamado de Jesús a seguirlo y del camino trazado para nosotros de antemano, para ser tallados a Su imagen y semejanza.

Damos más testimonio de lo que creemos cuando sufrimos que cuando reímos. Nosotros sabemos que nada en esta vida es permanente. Aun lo bello y bueno que Él nos da. Sabemos que somos extranjeros. Hemos entendido, en todo este proceso, que no pertenecemos aquí, y a medida que echamos raíces en Cristo, este mundo pierde su atractivo y nos vamos desarraigando. Simultáneamente, crecemos en amor para nuestro Dios, amor para nuestro prójimo y amor para nuestro verdadero hogar. Ver el dolor y experimentar la pérdida nos abre puertas y nos extiende alfombras rojas para entrar a las vidas de los curiosos, para que vean cómo aun en medio de las lágrimas y hasta confusión, seguimos aferrados a las promesas del Dios que nos dio y nos quitó.

Cuando el apóstol Pablo escribió su carta a la iglesia de los romanos, los animó diciendo:

 Alégrense en la esperanza, muestren paciencia en el sufrimiento, perseveren en la oración.
(Romanos 12:12)

Esas tres acciones juntas —alegrarse esperando, tener paciencia al sufrir y perseverar delante de Dios— los identificarían delante de un mundo cínico y dudoso, ensimismado y sin rumbo, como gente absolutamente diferente. «Sufrir bien» fue lo que el pastor Matt Chandler le pidió al Señor en oración, cuando le diagnosticaron un tumor cerebral. El pastor Chandler había notado que su amada congregación tejana no estaba preparada para pasar por el valle de sombra y de muerte, porque nunca había entendido bien que vivir para Jesús no significaba que Jesús vive para concedernos el cielo en la tierra, sino santificarnos para amarlo y reflejarlo.

El Señor hace salir el sol sobre buenos y malos. Y la lluvia también. Los discípulos no nos distinguimos por llevar una sombrilla divina que nos hace mágicamente impermeables. Nos distinguimos porque, en medio del chaparrón, adoramos. Aun sin *sentirlo*. Incluso llorando. Porque confiamos y sabemos que la lluvia es necesaria. Que es bendición, que hará que el desierto sea verde, aun si no sucede de este lado de la eternidad.

El que ha oído la voz de su Buen Pastor ve el sufrimiento de manera diferente. No le sorprende. Lo espera. Porque es parte del paquete. Y le duele, sí, pero no le sorprende. Llora, pero no se desespera. Clama cuando no entiende, pero confía. Tiene esperanza. Y no precisamente de que Dios lo resolverá tal y como desea, sino de que sea lo que sea que Dios decida, será para su bien y, al final, cuando lo vea cara a cara, todo tendrá perfecto sentido.

Y mientras nos llueve encima y seguimos adorando, habrá quien pare y pregunte sobre la esperanza que nos sostiene. Y así sabrá que somos Suyos.

 ...[T]ambién nos regocijamos en los sufrimientos, porque sabemos que los sufrimientos producen resistencia, la resistencia produce un carácter aprobado, y el carácter aprobado produce esperanza. Y esta esperanza no nos defrauda, porque Dios ha derramado su amor en nuestro corazón por el Espíritu Santo que nos ha dado.

(Romanos 5:3-5, RVC)

Eres su sonrisa

TU SONRISA PERPETUA ES la sonrisa de Dios sobre mí. Desde que anunciaste tu decisión de ser payaso, a los seis años de edad, me reí. La soberanía de Dios se ríe de mis planes y me libera de la carga autoimpuesta de una vida artificial que pretende una perfección fuera de Él.

Cada mañana, esa cabeza cundida de rizos desordenados y festivos me saluda para recordarme que naciste con la agenda de Dios bajo el brazo. Y esto, sin tu permiso ni el mío (para bendición nuestra), nos ha derribado la necesidad de ir al ritmo de este mundo. Las cosas pueden estar pasando en las noticias, en el tráfico, en la mesa, pero no en tu cabeza. Tus rizos parecen una extensión de la fiesta que vive armada dentro de ti. Es bella tu conversación interna. Lo sé porque me abres la puerta para que la oiga a cada rato.

Tu olvido divino de la urgencia de la vida es un regalo que necesito recibir más a menudo. Tus preguntas que interrumpen mi carrera mañanera son maneras en que Dios me toma de la barbilla para que lo mire a los ojos… y soy tan tonta y simple que, demasiadas veces, me las quito para ganarle al tráfico y te digo: «Me lo cuentas después».

Pero sí hago pausas, hijo. Y pienso. Y se me hace un nudo en la garganta porque sé que eres prueba de que Dios se ríe y abraza apretado cuando lloro. Porque viniste cuando yo lloraba.

Naciste y regresé a casa con los brazos más llenos y con muchas más dudas y temores que certeza y alegría. Lo confieso. Me hundía en mis preguntas y el miedo de ser todo esto... porque íbamos sobre la marcha, pero me sentía como si estuviera subida en un carrusel loco que me había empezado a marear. Estábamos subidos a una vida que parecía de una talla más grande que la nuestra. Y de oídas había oído, pero aún faltaba que mis ojos vieran al Señor.

Y llorabas para dormir, y llorabas para comer, y llorabas porque alguien ofrecía cargarte... porque la sensibilidad que te hace artista no llegó cuando cumpliste seis; vino contigo porque Dios la puso allí, antes de que nos diéramos cuenta. Yo no sabía que, antes de poder hacernos reír, debías llorar tanto... y ser comprendido y arrullado. Quizás permitirte llorar sin condenarte fue el campo fértil donde Dios sembró tu seguridad para pararte con tu traje de colores y arriesgarte a fallar sin perder el corazón. Y casi seguro, allí fue donde se hizo posible la empatía de hacer hermanas a un par de extrañas... Y sospecho que también será el campo donde Él se dará el gusto de ponerte a trabajar.

Un hijo dulce y de colores no se forma todas las veces porque una mamá reía y lo hizo todo bien... a veces, se forma así a pesar de las debilidades y las lágrimas de esa mamá, para contar la historia del Dios de la redención, que ama para transformar. A veces, Dios se complace en mandarle un hijo payaso a una mujer que sufrió depresión posparto, porque así queda claro que no se trata de la habilidad humana de mantener el sartén por el mango… sino de Su mano poderosa y sonrisa enamorada, que no se cansa de querer eso que ha escogido.

TU VIDA ME RECUERDA CON CONSTANCIA QUE UNO NO SE SIENTA A LA MESA DE DIOS A NEGOCIAR.

Porque no somos pares. Él es Dios, temible, majestuoso. Uno se sienta a verlo con los ojos asombrados, a confiar en los planes que Él ya decidió, porque además, es bueno y sabe más. Y tiene sentido del humor.

Yo lo alabo, hijo… porque, mientras yo lloraba pensando en todo lo que no sabía hacer y miraba al techo en vez de dormir, Él te hacía soñar adentro de mi vientre con piruetas, zapatos de colores, globos y trucos de magia.

Eres la sonrisa de Dios sobre mí y Él usa tus manitas de doce años para acariciar mi cara…

QUIERO SER ILEGAL

EL TUIT DE UN SEÑOR citaba a otro que dijo: «¡El cáncer, la pobreza y la depresión, son ilegales en el reino de Dios!!!». Después de un segundo de sentir una patada cibernética en el estómago, me incorporé y entendí: ¡No está hablando del reino del Dios de la Biblia! Ah… ¡qué alivio! No podía ser… es de ooootro dios.

Porque mi Biblia revela a un Dios que estableció Su reino vistiéndose de carne y hueso, dejando de lado Su palacio eterno para humillarse y pedir posada (Filipenses 2:6-7). No puede ser el mismo… el de mi Biblia es un Dios que no anunció Su nacimiento en las páginas de la revista *Hola*, sino a un montón de pastorcitos con olor a oveja, olvidados en alguna loma, para dejar en claro que era otro tipo de rey (Lucas 2:8).

Es otro Rey, de otro reino, que aprendió a trabajar con Sus manos y jamás dejó soñando a nadie con porquerías materiales que se pudren y pesan tanto que no dejan correr la carrera por el camino estrecho. Es de otro reino, uno en el cual el Rey se sienta en las gradas del templo a observar a la gente que ama, a Su gente, y que tiene rayos X en el alma para ver los corazones. Ve a las viudas que no tienen ropa cara ni dinero para estirarse los pellejos pero que, gozosas, lo aman con todo lo que tienen, y Él las nota y las aplaude cuando nadie lo hace. Ignora y aborrece a los que ya no saben qué hacer con tanta plata, que encuentran su identidad en ella y que únicamente la usan para alardear diciendo que Dios los bendice (Lucas 21).

No puede estar hablando de mi Dios, el de la Biblia, porque Él dijo requeté-claro que, para los ricos, es casi imposible entrar al cielo... advirtió bastantes veces que el dinero tiene la tendencia de pegarse al alma y asfixiarla. Que tuviéramos cuidado con los que nos hicieran amar lo que nos provoca dejar de amarlo a Él. Es que el dinero que se endiosa nos engaña y nos hace pensar que él es el que manda (Marcos 10:17-23, Mateo 6:24).

No puede referirse al mismo Dios, porque el reino de los cielos del cual habló el Rey del pesebre y de la cruz es tan deseable que uno arriesga todo, lo vende y lo intercambia feliz, con tal de tenerlo, porque es el verdadero tesoro, el que jamás se pierde (Mateo 13:44-46).

Sí, es imposible que esos señores estén predicando del reino del que habla mi Biblia, porque para ellos, la prueba de la aprobación de Dios es dinero y salud, pero no puede ser... porque, cuando Satanás tentó a Jesús, lo que le ofreció fue exactamente eso... cosas de este mundo (Mateo 4:9).

Los del reino de luz amamos a nuestro Rey por lo que Él *es;* no por lo que podemos obtener de Él. De hecho, nos da lo que nos da para que le enseñemos al mundo que eso no rige

nuestro corazón, y lo damos igual que como lo recibimos de

Él: con gozo profundo y a menudo en secreto (Mateo 6:3).

En este reino, seguir a Dios para ver lo que nos

da se llama idolatría, y rendirnos ante Él —

independientemente de lo que venga en esta vida,

porque es nuestro Rey eterno— es adoración.

(Habacuc 3:17-18)

Si el cáncer, la pobreza y la depresión son ilegales en ese

reino... pues supongo que también lo son la persecución

y el martirio. ¡Qué bueno que todos mis hermanos que

están sufriendo en Irak y los demás lugares, por causa de

Cristo, son legales en el reino de los cielos! Jesús les dedicó

uno de Sus más maravillosos sermones justo a ellos. Qué

divertidos los de ese otro reino, que le llaman «ilegal» a lo

que Él llama «dichoso». Los «ilegales» que sufren cáncer y

pobreza y depresión y que, sin embargo, siguen esperando

en el Señor, son tan legales en el reino del Dios de la Biblia,

que se los recibe con honores al llegar a casa (Mateo 5:10,

Romanos 8:18).

Parece que, en ese otro reino, ofrecen atractivos premios

instantáneos, del tipo de «raspe y gane» y eso atrae adeptos.

Qué diferente al reino de los cielos, donde se nos llama a morir y esperar, confiando en que recibiremos nuestro premio, que es Jesús (Mateo 10:22,38).

Se debe vivir muy ansioso y con gastritis por ese otro reino porque, bueno… Si tengo salud y dinero, ¿soy «legal» y me creo muy especial? Y, si pierdo algo, sea cualquiera de esas dos cosas, ¿soy «ilegal»… y debe ser porque hice algo para molestar a ese dios?

Pobres. Qué estresante y deprimente es tener que hacer audición perpetua en un *reality* cósmico.

Supongo que ser ilegal en un reino que solo dura un rato no es mal negocio. En este momento, creo que soy «legal» porque, que yo sepa, llevo las cuentas al día… solo le debo el detergente a la vecina de enfrente, que trae cosas de la frontera, y apenas tengo un poco de indigestión, que no sé si me descalifica. Al fin y al cabo, si ese reino que tanto anuncian ellos por todos lados solo dura esta vida, y lo que leo en mi Biblia es que mi alma va a durar mucho más que eso, no me interesa. ¿Y para que querrán tanta plata esos señores aquí, si no se la pueden llevar y si hay calles de oro donde yo voy?

Quiero ser ilegal.

Como diría otro famoso ilegal de la Biblia, un tal Pablo, que escribió casi todo el Nuevo Testamento:

Si la esperanza que tenemos en Cristo fuera solo

para esta vida, seríamos los más desdichados de

todos los mortales. (1 Corintios 15:19)

El pobre decía que, varias veces, le había pedido a Dios que le quitara un aguijón de la carne, y Dios le contestó que con Su gracia le bastaba… y Pablo salía de una paliza para entrar a otra, y murió en prisión.

A ver si entiendo… ellos dicen que se trata de riqueza y salud aquí. Jesús dice que se trata de un reino eterno, donde se llega a gozar perfección de espíritu y cuerpo junto con Él (Apocalipsis 21:1-4). Ellos dicen que ser pobretón y enfermo es ser desdichado, y Jesús afirma que son dichosos los pobres de espíritu y los que lloran (Mateo 5).

No cabe duda. Ese es otro reino.

Tan bueno y precioso es el Dios de la Biblia al que he llegado a amar, que me ama en días buenos y en días malos (Salmo 100:5). Leo Sus palabras y cada día estoy más segura de que todo lo que viene a mí —escasez y montones de otras cosas, sinusitis y días sin alergia, funerales y *baby showers*—, *todo* es ganancia en Sus manos porque lo usa para esculpirme para que me parezca al Rey Jesús (Romanos 8:28; 12:2). Él es lo mejor que tengo y no lo que me da (Salmo 73). Qué diferente. Qué lindo. Ay… ¡qué dicha es ser ilegal!

PETICIONES DE GLORIA

... [S]i es posible, no me hagas beber este trago

amargo. Pero no sea lo que yo quiero, sino lo

que quieres tú. (Mateo 26:39)

Ahora todo mi ser está angustiado, ¿y acaso voy

a decir: «Padre, sálvame de esta hora difícil»?

¡Si precisamente para afrontarla he venido!

¡Padre, glorifica tu nombre!... (Juan 12:27-28)

... [H]ágase tu voluntad en la tierra como en el

cielo. (Mateo 6:10)

Estoy aprendiendo a orar. Como una niña que aprende
a comunicarse, no solo a hablar. Y aunque son muchos los
consejos que oigo y leo sobre las oraciones que «funcionan»
y las que no, he puesto atención a las que Jesús hacía y que
tienen algo en común... morir a Él y vivir para Su Padre.
Dejar de lado lo que hubiera sido conveniente para abrazar Su
voluntad, aun cuando doliera.

Yo sé que a este mundo le parece una actitud derrotista o
conformista, pero yo no puedo entenderlo así. ¿Cómo va a ser
derrota entregarme a la voluntad del Perfecto y del que ama

mi alma más de lo que imagino? En todo caso, es una derrota deseable…. Después de todo, este es un reino que funciona al revés y son dichosos los que se derrotan así… Además, fue Jesús quien oró así, y Él jamás se equivocó. Podemos tomarlo de referencia sin temor.

En el pasado, Dios ha contestado las oraciones de gente que amo y admiro como ellos no querían, en maneras que no resultan bien vistas por quienes solo pueden identificar como «éxito» las historias con final de telenovela. He visto a gente fiel clamar por la sanidad de la persona que aman, y recibir una respuesta humanamente indeseable.

Una amiga que se ha vuelto muy querida atravesó la muerte de su hermana. Ella era una tía sumamente presente, de esas con las cuales los sobrinos aman pasar tiempo. Y durante el proceso de la enfermedad, mi amiga, con la mejor de las intenciones, le dijo a su hijo pequeño que si oraba con muchísimas fuerzas (lo decía mientras apretaba ambos puños y fruncía el ceño) y «creía», su tía se iba a sanar. Cuando eso no pasó, se quedó con un niño lleno de dudas… dudas acerca del carácter de Dios y de Su rol en la muerte de esa tía a la que quería tanto.

¿Será que no pidió tan fuerte como debía? ¿No creyó suficiente? Dentro de la oración que le animaron a hacer con constancia, todo el énfasis estaba sobre lo que el pobre nene debía hacer para que Dios contestara, y los deseos humanos estaban en el centro. No había lugar para descansar en la soberanía del que amaba a todos los involucrados. Nunca le explicaron lo que podía pasar… porque Dios no piensa como nosotros pensamos.

También he visto gente pedir y recibir exactamente lo que deseaban. Testimonios de sanidad, de reconciliación, de provisión. Sinceramente, estos son a los que les prestan el micrófono en las congregaciones.

Hace poco, vi un video en el que una pareja de padres jóvenes subió al estrado con mucho orgullo, anunciando que, como habían pedido y creído que su recién nacido no sentiría dolor durante su vacuna, el niño no lloró. Debo confesar que puse los ojos en blanco, aunque los comprendo. Yo odiaba tener que ver sufrir a mis bebés cuando les tocaban las vacunas. Los comprendo. De hecho, mi suegra siempre cuenta que mi esposo jamás lloraba cuando le tocaba una vacuna. El pediatra decía que iba a ser militar. Hay niños que, por alguna razón, son así. Mi esposo tal vez no llorara con las vacunas, pero al momento de decirle adiós a un perro que amaba, lloró mucho. Las lágrimas llegaron por otro lado, pero llegaron.

Si un bebé llora cuando lo vacunan, no es porque los papás no tengamos fe, sino porque nuestros bebés sienten dolor y responden de manera acorde con la desagradable sensación.

Son humanos saludables.

Esos papás jóvenes del video tienen mucho que aprender, y no deberían cantar victoria tan pronto… su bebé es recién nacido y les irá añadiendo otros retos a la lista de oración. Además, si tienen más hijos, sabrán cómo Dios, en Su soberanía perfecta, nos hace tragarnos más y más palabras a medida que añade variedad de personalidades y circunstancias.

Yo siempre digo, en son de broma, que Ana Isabel me enseñó a ser mamá y Juan Marcos me enseñó que no sabía nada… ¡y luego llegó la adopción! Esas son ligas mayores. Sonrío… No existen fórmulas para evitarles todas las lágrimas a nuestros amados pequeños. El dolor es parte de la vida en este mundo caído y, ciertamente, parte de la vida cristiana. Los niños que lloran son los saludables. Claro… hay bebés más «expresivos» que otros, pero un bebé que no llora jamás es tremendamente preocupante, y muestra cierta falta de conexión.

El Dr. Russel Moore, en su libro *Adopted for Life* [Adoptado para toda la vida], describe que lo más impresionante que él y su esposa María enfrentaron al llegar al orfanato ruso donde recogieron a sus dos primeros hijos fue el silencio sepulcral. Era un lugar lleno de bebés, donde debía haber señales de vida.

Los especialistas dicen que los casos extremos de negligencia hacen que los niños dejen de expresarse. Dejan de llorar… por fuera. Por dentro, pegan alaridos que nadie oye. Dejan de llorar porque perdieron la esperanza de recibir respuesta. Se desconectan, dejan de confiar. Esto es, sencillamente, la peor tragedia que puede sucederle a un niño.

Científicamente, está comprobado que las secuelas de la negligencia (abandonar a un niño, aislarlo, dejarlo sin respuesta al llanto de forma rutinaria) son muchísimo peores que las del maltrato. Hay conexiones cerebrales que dejan de formarse.[8] El mensaje es claro: el llanto de los bebés y lo que produce en los papás que los amamos nos habla de Dios. Es imposible ignorar a nuestro chiquito que reclama nuestra atención. Es un lenguaje complejo, aunque esencial, diseñado para obtener el contacto visual, auditivo o táctil del adulto seguro en su vida; es decir, su mamá y su papá, los abuelos y demás «gente grande» que lo hacen pertenecer y sentir seguro cuando percibe peligro, dolor, hambre, cansancio o confusión. El llanto busca un toque, una voz, una respuesta que diga: «No estás solo».

A Juan Marcos, nuestro único hijo hombre, el segundo, le diagnosticaron doble hernia inguinal a los dos meses de edad. Lo sometimos a la operación un mes después; un Día de la Madre, para ser exactos. Nunca olvidaré que hacerlo requirió que tuviera ocho horas de ayuno y que lo canalizaran. Yo tuve que sostenerlo mientras le pinchaban su manita gorda. No pude mirar. Pero vi sus ojos. Me estaba rogando que lo cargara y que esas extrañas dejaran de lastimarlo. A los tres meses de edad, los bebés aún lloran sin lágrimas, pero ese día, en esa camilla, le rodaban por las mejillas hasta las orejas. Yo lloraba a su lado mientras lo sostenía. Sufrimos él y yo. Terminó el calvario y, tan pronto como se pudo, lo sostuve aún más fuerte para que entendiera que no me iría a ningún lado. Que, aunque no pude sacarlo de allí antes, yo no saldría de allí.

Cabe mencionar que toda nuestra familia y amigos estaban orando. Muchos velaban por nosotros; nos sentimos amados. Es decir, no lloró porque nos faltara la fe o porque no fuéramos amados. Lloró porque dolía y todo aquello era desconocido y aterrador.

La maternidad me hizo comprobar que mi trabajo no es evitar que mis hijos lloren, porque simplemente es imposible. Mi trabajo es evitar que lloren solos. Dios no nos evita las lágrimas; nos evita la soledad en medio de ellas.

Mi gordito no tenía la capacidad de comprender por qué lo sometíamos a tanto sufrimiento, y yo lloré por eso, pero mi presencia le dijo que lo amaba y, precisamente por eso, debíamos atravesar juntos esto, aun si él me pedía que nos fuéramos corriendo. ¿Qué clase de papás hubiéramos sido si, por evitarle el dolor momentáneo, le provocábamos un problema más serio en el futuro? Nosotros sabíamos lo que necesitaba, aun si sus lágrimas pedían otra cosa.

Con Dios, en la oración, lo importante no es saber decir las palabras exactas, de manera exacta, para obtener lo que queremos. El punto es que, al acercarnos confiadamente al trono de la gracia, podamos verlo por quién es, descansar en Su respuesta y ser transformados en el proceso. *A veces, la respuesta es la transformación de nuestra cabeza y nuestro corazón, no de la situación que nos rodea...* En esencia, la oración es ejercer mi título de hija. Es estrechar la relación con mi Padre, porque confío aun cuando no entiendo, lo amo aun cuando reta mi concepto de lo que es «bueno». En todo caso, orar me debe llevar a una mudanza de pensamiento. Debe llevarme de lo terrenal a lo eterno.

Oír a nuestro amigo Josecito es muy reconfortante. Un gran grupo de amigos y hermanos oraron para que no perdiera una de sus piernas, después de un accidente en el cual recibió un disparo de escopeta que le deshizo la tibia. Dios escuchó las oraciones y respondió... «No». Después de varios días de oración ferviente, cuidados intensivos y opiniones de especialistas, se llegó a la decisión de que lo mejor era amputar.

Como hijos, podemos pedir lo que sea, pero Él, como Padre, va a contestarnos con bondad, aunque Su respuesta sea diferente a lo que deseábamos. Sus «no» también son «Te amo», porque, en esencia, Él es amor, y nada de lo que responde puede ser otra cosa.

Josecito está volviendo a aprender a caminar, con una prótesis. Y está luchando. Hay días en los cuales se asoma la amenaza de la depresión o la amargura. Pero dice, confiado: *Dios es bueno. Él me mandó a obedecer, no a entender.* Y va viéndose más parecido a lo que Dios tenía pensado, y menos parecido a lo que era. Ese muchacho tiene mucho camino por recorrer, con esa pierna postiza... pero, irónicamente, estoy segura de que dará pasos más firmes en su fe, como producto de la pierna que perdió.

Es impresionante cuando realmente comenzamos a comprender el milagro de poder tener conversaciones con Dios... Si podemos elevar nuestras oraciones, es porque Él bajó... Tomarnos un café con Dios costó la sangre perfecta del Unigénito... Y, si hemos nacido de nuevo, como los bebés, nos comunicamos para dejar saber a nuestro Padre lo que necesitamos. Y evolucionamos en nuestra comunicación a medida que Él nos habla en Su Palabra y empezamos a ser transformados tan profundamente que dejamos de pedir de acuerdo a nuestras ideas y empezamos a anhelar Su voluntad.

Orar correctamente es alinear nuestro corazón al de Dios, no traerle nuestras peticiones torcidas para que Él les eche polvo de hadas... no. Pidamos conocerlo mejor y que abra los ojos de nuestro corazón (Efesios 1:17-22).

PEDIR CON FE SIGNIFICA QUE, SIN IMPORTAR QUE YO RECIBA LO QUE CREO NECESITAR, DIOS ME VA A DAR EXACTAMENTE LO QUE EN VERDAD NECESITO.

Nunca me quiero olvidar de que yo no soy el centro del universo, y de que Dios no existe para mí, sino yo para Él. Las cosas que quiero y pido pueden o no terminar moldeándome para parecerme más a Jesús (porque yo me puedo engañar), pero las respuestas de Dios a mis peticiones siempre tienen ese final, y, por ende, son la mejor respuesta. Eso no significa que lo entenderé de este lado de la eternidad.

Nuestro hijo siente gran atracción hacia todo lo que sea arte escénico y, en una ocasión, cuando tenía unos ocho años, ¡me anunció que necesitaba unas antorchas de fuego iguales a las que había visto en un circo al que fuimos! «¡No! No mientras tu papá y yo seamos los que pagan tus cuentas de hospital,» le respondí. En su mente de niño, ese acto circense parecía una excelente idea. Lo quiso y lo pidió, pero yo, como su mamá, le di una buena respuesta. Es buena porque lo protejo de él mismo y protejo a los demás, y también porque le enseño a pensar más allá de lo que quiere.

Al final, las oraciones que piden pero que se enfocan en que se haga la voluntad del Rey y Señor del universo tienen todo el sentido, porque son dirigidas al que tiene no solo el poder, sino también todo el conocimiento para contestarlas bien.

Orar como Jesús oró en Su hora de máxima aflicción significa que nosotros y lo que queremos no estamos en el centro.

... ¿[Y] acaso voy a decir: «Padre, sálvame de esta hora difícil»? ¡Si precisamente para afrontarla he venido! ¡Padre, glorifica tu nombre!

... [H]ágase tu voluntad en la tierra como en el cielo...

¿Ven cómo Jesús combina Su deseo y Su petición con la realidad de Su llamado? Orar sujetándonos a Su voluntad no es ponerles un tapón a los deseos que humanamente quisiéramos ver satisfechos, sino que, al decirlos, los sujetamos y somos conscientes de lo que Dios busca. Jesús estaba agonizando porque sabía perfectamente lo que implicaría esa tortura y pidió esquivarla, pero jamás perdió de vista que había nacido para esa hora y que Su misión era glorificar el nombre de Su Padre. Nunca nos equivocaremos si, al momento de pedir lo que creemos que es buena idea, pedimos que Él glorifique Su nombre y que haga Su voluntad. Si mis oraciones tienen como meta final la gloria de Dios, no mi satisfacción momentánea, siempre serán contestadas y seré satisfecha eternamente, aun si me quedo sin algo que al principio quería. Será un proceso en el cual habrá lucha.

Seremos inquietados. Por lo que nos pasa o por lo que hacemos. Por lo de afuera o por lo de adentro, y siempre ha sido así. El apóstol Pablo lo veía y lo escribió a los filipenses, desde nada más y nada menos que la cárcel:

Filipenses 4:6-7 dice:

> *No se inquieten por nada; más bien, en toda ocasión, con oración y ruego, presenten sus peticiones a Dios y denle gracias. Y la paz de Dios, que sobrepasa todo entendimiento, cuidará sus corazones y sus pensamientos en Cristo Jesús.*

Esto de presentar nuestras peticiones y dar gracias simultáneamente, ¿por qué de una vez? Porque dependo de Su bondad, sabiduría y soberanía eternas. Eso es lo que mantiene cuidado el corazón y quieta la mente. Pedir sabiendo que responderá en base a quien Él es y lo que sabe, no según mi escaso conocimiento o mi engañoso corazón. Siempre hay paz después de una oración que deja clara mi condición y, sobre todo, la condición de Él. ¡Qué paz da saber que Dios lo puede todo, que yo puedo pedirle todo, y que Su respuesta suplirá toda mi necesidad, incluso de maneras que

yo jamás hubiera preferido!

TODAS LAS PROMESAS CUMPLIDAS

LAS PALABRAS BELLAS SUENAN más bellas cuando se leen en voz alta y en familia. Eso hicimos en la congregación para recibir el año nuevo.

Juntos, pronunciamos Números 6:24-26:

> *El Señor te bendiga y te guarde; el Señor te mire*
> *con agrado y te extienda su amor; el Señor te*
> *muestre su favor y te conceda la paz.*

Son las palabras de un Papá para los hijos que ama. Es una bendición sacerdotal que Dios ordenó para el pueblo de Israel, Su pueblo escogido, por medio de Moisés, y está escrito en tiempo futuro. Los quería hacer ver hacia adelante, llenarlos de esperanza y que enfocaran sus ojos en Él, de quien proviene toda cosa buena. Está escrito en futuro, porque, para la raza humana, allí estaba Jesús; aunque claro, Él siempre había estado.

Todo lo que se dijo en el Antiguo Testamento, antes de Jesús, antes que algún par de ojos humanos lo vieran, se trata de Él... porque la Biblia, en todos los libros que la conforman, cuenta una sola historia: la de Él (Rom. 11:36,

Colosenses 1:16).

Mientras lo leíamos en voz alta en la congregación, me brincaba el corazón, porque esta bendición, hoy en día, para nosotros, no solo trae esperanza para mañana, sino que podemos leerlo también en tiempo presente, ¡Puede ser un canto de adoración saturado de gratitud porque, en Jesús, todo eso ya lo recibimos!

Por eso, un anciano llamado Simeón, cuando vio a Jesús como un niño pequeñito al momento de ser presentado en el templo en brazos de José y María, dijo:

> *Ya puedes despedir a tu siervo en paz. Porque*
> *han visto mis ojos tu salvación.* (Lucas 2:29-30)

Si hemos llegado a ver que no podemos salvarnos solos y que Él es el único camino, verdad y vida, entonces, ¡esa bendición ya se cumplió para nosotros!

Jesús es nuestra bendición y provisión más colosal, el tesoro que jamás se agotará ni podrá ser robado. Es la perla de gran precio por la que vale la pena soltar todo lo demás.[9] Él nos guarda, y no solamente del mal que pudiera llegar ahora (y que, de alguna manera, llegará), sino que nos guarda en Él de la ira justa de Su Padre en el día final[10] porque Él es nuestra justicia[11] y, gracias a Su obediencia perfecta, las palabras «Este es mi Hijo amado, estoy muy complacido con Él» son también para nosotros.[12] ¡Por Jesús, Dios ya nos mira con agrado! Y, en la cruz, nos extendió Su amor y no hay prueba más contundente.[13] Por Jesús, tenemos paz *en* Dios y *con* Dios.[14] Jesús es el cumplimiento completo de toda la ley y los profetas. Podemos proclamar esa bendición hoy como canto de adoración porque Él expiró diciendo: ¡Consumado es! ¡Jesús es la personificación de Números 6:24-26 y esa es la alegría que nos sostiene y en la cual viviremos por siempre!

Quiero ser como ese viejito Simeón. Ser movida por el Espíritu y ver a Jesús, ver que ya está hecho lo que estaba esperando y poder irme satisfecha. Solo estaremos listos para morir el día que vivamos para verlo. Él es todas las promesas cumplidas. Él es la máxima promesa cumplida.

4

LLORA VALIENTE

MANCHAS DE CHOCOLATE

ODIO LAS MANCHAS DE chocolate. Sobre todo, en ropa blanca. Son una pesadilla. No salen. Es como si se volvieran parte de la fibra de la tela y se aferraran porque su misión fuera cambiarle el color.

Pero...

Amo el chocolate. El oscuro. Suficientemente dulce y perfectamente amargo. Se derrite en el paladar sin ayuda y se desliza por la garganta con júbilo *chocolatoso*, como mis hijos en los toboganes del parque de agua. Es uno de los gustos más simples y grandes de mi vida.

El inconveniente y la molestia que el chocolate oscuro tiene el potencial de causarme no es suficiente para que lo deje de comer. Sus beneficios sobrepasan sus maleficios. Las manchas son un precio bajo a pagar por el sabor que no puedo sustituir con nada.

El amor se parece al chocolate. Es maravilloso y produce un desastre. Por si acaso, no hablo del amor barato de telenovela.

Esta página se empezó a escribir en el funeral de una mujer que amé como a una madre.

Dios, siendo el que da con medida remecida, apretada y rebosante, me ha hecho la hija honoraria de varias mujeres, además de mi madre. Ella ha sido generosa en darme en préstamo y permitir que mi corazón se abra para amar a otras. He sido rodeada de figuras maternas fuertes, sabias, excepcionales y con las que simplemente puedo llorar de tristeza o de risa. Mi vida está llena de historias de lazos que Dios tejió para que lo conociéramos mejor a Él, al caminar juntas. Estas relaciones son respuestas a muchas de nuestras oraciones sinceras y puede ser que muchas veces las pasemos por alto, pero ¡allí están, como provisión de Dios!

Le pido que, por medio del Espíritu y con el poder que procede de sus gloriosas riquezas, los fortalezca a ustedes en lo íntimo de su ser, para que por fe Cristo habite en sus corazones. Y pido que, arraigados y cimentados en amor, puedan comprender, junto con todos los santos, cuán ancho y largo, alto y profundo es el amor de Cristo; en fin, que conozcan ese amor que sobrepasa nuestro conocimiento, para que sean llenos de la plenitud de Dios. (Efesios 3:16-19)

Esa es una de las oraciones que Pablo dejó escritas para la amada iglesia de Éfeso. Siempre me estaciono un rato en «que puedan comprender junto con todos los santos...».

Tal parece que, a menos que compartamos la vida, con todo lo que eso implica, no podremos experimentar el amor del Señor completamente, y sin eso, tampoco podemos ser llenos de la plenitud de Dios. Hay un plan divino detrás de ese lío hermoso llamado comunidad. Hay sabores que no llegarán sin sentarnos juntos a compartir la mesa. Ser cristiano y solitario es incompatible. Fuimos hechos para sobrellevar las cargas los unos de los otros (Gálatas 6:2), porque eso hace el amor que proviene de Él; es más, así es como el Señor Jesús dijo que nos identificarían (Juan 13:35). Como escribió el compositor Tyler Joseph (a quien en mi humilde opinión, considero poeta):

«Y DIRÉ QUE DEBERÍAMOS TOMARNOS UN DÍA PARA DESPRENDERNOS DE TODO EL DOLOR QUE NUESTROS CEREBROS HAN PRODUCIDO, ESTE JUEGO NO SE JUEGA A SOLAS...»[15]

Es parte de la vida normal del cristiano apartar un día para juntarse con otros que han sido rescatados y adorar juntos, para declarar que le pertenecemos y nos pertenecemos. Estamos «programados» para necesitarnos y amarnos, para revelar otro poco del carácter de Dios... la plenitud de Dios solo se experimenta cuando aceptamos el regalo de haber sido colocados en medio de otros redimidos.

Ser parte del cuerpo de Cristo es ser injertados en una familia extendida. Se siente como tener muchos tíos y abuelitos, hermanos y primos, y la vida se pone más alegre, más entretenida, mucho más interesante y también... complicada. Lo complicado no solo es por las partes obvias de roces, producto del trato. Sino, además, porque adoptarnos y amarnos entrañablemente supone un reto: el dolor de soltarnos finalmente. Aun si es por un momento.

Amar sin condición es la manera de amar de Dios. Amar es estar disponible siempre. Y compartir todo.

Ella estuvo allí cuando me puse de novia. Ella se alegró cuando nos comprometimos y aún más cuando les pedimos a ella y a Julio que fueran padrinos en nuestra boda. Sus caras sonrientes fueron las que vimos al salir del aeropuerto después de la luna de miel —a las tres de la mañana— y nos llevaron a pasar el primer día como nueva familia, a nuestra propia casa. Ella fue de las primeras en recibir mi llamada con el anuncio de mi primer embarazo. Me llevaba comidas y las compras del mercado cuando mis dos hijos biológicos eran recién nacidos. Ella los cuidaba cuando debíamos dejarlos y las abuelitas no estaban disponibles... la vida avanzaba y nos entrelazaba. Esa gente que está en tus recuerdos de alegría profunda y angustia aterradora... esa gente se vuelve, inevitablemente, parte de nuestro corazón. Y eso es bueno... pero lo malo de lo bueno es que, si es parte del corazón, algo tan vital, y luego esa parte se va, el corazón va a doler. Y no nos gusta el dolor.

Qué gran dilema.

Fuimos hechos para amar y es lo que nuestra alma anhela, pero si nos arriesgamos y amamos, luego viene el dolor de perder... ¿qué clase de Dios hace este lío?

Un Dios bueno que nos adoptó y nos ha diseñado para adoptarnos unos a otros, para enseñarnos lecciones acerca de Él, que no aprenderíamos de otra manera.

Ella entró al hospital por última vez y acompañé a su esposo y a su hijo, caminando junto a su camilla. Atardecía. El patio central estaba en penumbras, el cielo estaba inusualmente rojo. Fue un enero cuando tuvimos que decirle hasta pronto a Ileana. El mismo mes en que le tuvimos que decir adiós a Rodrigo, su primogénito, hacía solo cuatro años.

¡Qué gran problema para mi corazón! Qué gran mancha de chocolate... y qué lección de vida.

Dios me hizo saborear, en mi relación con ella, la belleza de una mujer que sabía quién era en Cristo y jamás se disculpó por ello. Ella me enseñó la seguridad de los pasos que se dan cuando se vive sinceramente y se habla la verdad, de manera oportuna y en amor; el valor de un hogar bien atendido; la satisfacción de un trabajo bien hecho y el gozo de un corazón perdonador. Una vida corta y espléndida. Suficientemente dulce y perfectamente amarga. Como mi chocolate.

Y al decidir dejarme adoptar y adoptar otras mamás, me estoy sometiendo voluntariamente al dolor de la pérdida más de una vez. Estoy eligiendo manchar mi ropa «limpia» con tremendas manchas de chocolate que ningún detergente podrá quitar. Y estoy decidida. Porque he medido y saboreado que los beneficios del amor y las lecciones que llevo en mi alma sobrepasan los del dolor momentáneo de la pausa que se llama muerte. Sé que la vida en abundancia que Dios me prometió incluye valles de sombra y pérdida por los cuales no veo ni siento, pero también sé que Él es suficiente… porque la muerte es eso: una pausa, un «Continuará».

Y, mientras nos volvemos a ver, han pasado muchas cosas. Muchas alegrías. ¡Cómo da vueltas la vida! Cuando la conocí y nos hicimos amigas y luego madre e hija honorarias, no imaginaba que Dios tenía pensado seguir entrelazándonos… ella y Julio fueron nuestros padrinos de boda, y ahora Alex y yo somos padrinos de boda de su hijo. En medio de la pérdida, Dios nos extendió la familia. Nuestra mesa se llena con más de seis puestos a menudo y mis hijos pueden ver lo que significa que Dios es fiel, en ese ahijado que nunca estuvo solo. Viene de la mano con Melissa y el corazón lleno de montones de evidencias que confirman que Dios hace habitar en familia a los solitarios. Y nos desvelamos platicando y carcajeando. Porque Dios es en extremo bueno. ¡Ahora yo soy madre honoraria! (Aunque, la verdad, parezco más hermana mayor... ¡ja, ja, ja!). Lo mejor de todo no es que la historia tenga un final feliz... porque no se ha terminado. Se seguirá contando hasta que Jesús regrese... lo mejor de la historia es que ninguno de nosotros tiene la esperanza en que este pedacito de chocolate nos dure para siempre. Pero todos sabemos que Dios es la roca inconmovible y nos sostiene pase lo que pase... ¡y que pronto nos sentaremos juntos a la mesa del Señor!

Irse de este mundo con la ropa limpia como en esos anuncios de detergente no es vida. Vivir una vida segura y precavida, sin manchas de chocolate, no tiene chiste, ni profundidad, ni lecciones, ni gozo inexplicable en un Dios que no se va.

Amar no es arriesgado, sino sacrificado, porque, haciendo paráfrasis de algo que oí de John Piper, *«riesgo» es tener la probabilidad de que puede ir bien o mal; «sacrificio» es saber de antemano que nos va a doler y hacerlo de todas maneras.*

Nos entristecemos, pero no «como esos otros que no tienen esperanza»[16]... nos vemos el suéter blanco con los vestigios de lo que algún día supo tan bien, y se nos saltan las lágrimas y del corazón roto brotan preguntas… pero confiamos en que, al regresar a nuestro verdadero hogar, sentiremos una explosión de la textura y el sabor que tanto anhelamos desde siempre… ¡nuestra alegría será completa!

¡Celebremos que somos parte de la familia que Él imaginó! Amemos sin medir el precio de soltarnos por un rato. Enorgullezcámonos de cada mancha y marchemos seguros con el sabor suficientemente dulce y perfectamente amargo de una vida en la cual la mayor ganancia se obtiene de saber que, vivamos o muramos, Él es suficiente, para todos y para siempre. Y, al final, quienes insistimos en confiar en ese Padre, nos encontraremos en la meta para vivir juntos, sin temor a la muerte, al dolor o a las manchas…

¡Que viva el chocolate!

HERODES Y CO.

HERODES REAPARECIÓ EN ESCENA en el gran final, cuando todo el elenco, incluido el bebé Jesús, subió a saludar a la audiencia. Nuestra hija más pequeña dio un grito: ¡Mamá... el rey malo! Porque ella entendió que Herodes era un peligro cerca de Jesús (Mateo 2:16).

Herodes personifica la maldad y el odio en contra de Dios y de todo lo que Él ama. Puedo imaginar a Herodes con insomnio años después, no por el cargo de conciencia de ver a tantas mamás judías con los brazos vacíos después de la matanza de bebés que ordenó con tal de aniquilar al verdadero Rey, sino con un terror privado y profundo de que el verdadero Rey estuviera caminando por allí.

Herodes odiaba a Jesús y lo consideraba una amenaza. Fue poderoso ver al Herodes de la obra de teatro acercarse con actitud reverente ante Él... Ese tecnicismo teatral me permitió hablarle a mi hija de una realidad que me sostiene cada día más: Jesús va a regresar y, cuando lo haga, todos los que acompañan a Herodes en odiarlo, en negarlo, en querer hacerlo desaparecer, doblarán sus rodillas para rendirle honores.

Por el contrario, se rebajó voluntariamente,
tomando la naturaleza de siervo y haciéndose
semejante a los seres humanos. Y, al manifestarse
como hombre, se humilló a sí mismo y se hizo
obediente hasta la muerte, ¡y muerte de cruz!
Por eso Dios lo exaltó hasta lo sumo y le otorgó
el nombre que está sobre todo nombre, para que
ante el nombre de Jesús se doble toda rodilla en
el cielo y en la tierra y debajo de la tierra, y toda
lengua confiese que Jesucristo es el Señor, para
gloria de Dios Padre. (Filipenses 2:7-11)

Hay días en que comprendo mejor Romanos 8:22-27, donde dice que nos lamentamos con una nostalgia que no entendemos muy bien, porque nuestro espíritu anhela que todo sea hecho de nuevo, anhela el regreso del Señor. Como cuando empieza a caer la noche y uno es niño y no está con sus papás. Como cuando cortaron ese árbol centenario a la par de mi ventana y ahora solo veo cemento. Como cuando se recibe un mensaje de texto que tiene sabor a sal, por las lágrimas que uno sabe que caían sobre el teléfono cuando lo escribieron. Lo entiendo un poco más porque lo amo un poco más… me desespera ver la locura de esta casa temporal y quiero que todo esto termine ya.

Hace unos años, cuando conocí a Tita Evertsz, quien dedica su vida al campo misionero en un área marginal de mi ciudad, no entendía completamente lo que me decía cuando platicábamos. Nos hicimos amigas pronto y se volvió un referente para mí, en cuanto a cómo se ve una vida rendida y verdaderamente dirigida por la fe.

Ella siempre decía: «Ya quiero que Jesús regrese; los niños están sufriendo mucho», y yo asentía… pero provocaba en mí el querer saber más. Para ella, decirlo no es un dicho cristiano ni un lema para ciertas ocasiones en el púlpito, sino un llanto interno constante, que sale en conversaciones en las que abre su corazón realmente. Ella pide desesperadamente el retorno del Rey porque no necesita imaginar o que le cuenten lo mal que andan las cosas. Lo ve a diario. Me cuenta que es raro el día en que no se entere de que otro niño está siendo abusado sexualmente… Caminar por esas callecitas donde no cabe un carro y visitar a las familias, escucharlas de verdad, la deja sin alternativas… si no corre a la esperanza viva anunciada en la Biblia, de que todo será puesto en orden y las lágrimas serán secadas, ya hubiera desistido. Se aferra a la oración basada en la Escritura y sabe que el Espíritu Santo tiene el mismo poder que tuvo cuando Jesús mismo caminaba en el polvoriento Israel, sanando almas y restaurando vidas para Su gloria. Hay esperanza.

Un día, nos juntamos en uno de sus cafés favoritos y me

contó con una gran sonrisa que habían inaugurado una célula de mujeres y que estaba teniendo *gran éxito*...

«CLARO —ME DIJO—, POR EL MOMENTO, SOLO SOMOS LA ANFITRIONA, QUE ES UNA PROSTITUTA, Y YO... PERO ES MARAVILLOSO. LE ESTOY ENSEÑANDO A LEER SU BIBLIA, PORQUE NO SABE NADA...».

En esas callecitas, no caben ni carros ni camiones... pero Dios ha enviado pies hermosos para anunciar Sus Buenas Nuevas. No caben carros, pero Su Espíritu no los necesita. Ver la vida a través de ese par de ojos es una maravilla... Al leer Efesios 5, veo cómo existe una conexión entre un corazón agradecido y una vida llena de contentamiento, buenas conversaciones, y la creciente habilidad de ver la belleza del Señor por todos lados. Observo a la gente más linda, con la que uno quiere estar, y siempre es gente llena de agradecimiento y un enfoque de servir al prójimo. El que es de Cristo se parece a Cristo, y Él siempre dio gracias y dio, dio y dio.

Tita... en medio de su llanto cotidiano, hay una sencillez y una profundidad que es raro encontrar, y ver los avances del reino al mismo tiempo que el quebranto la impulsa a trabajar más duro y a añorar ese sonido de trompeta. Están a punto de inaugurar la cuarta academia, donde se atiende gratuitamente a niños de la comunidad y se les provee educación, atención psicológica y lo que haya disponible de comida.

Todas estas academias tienen nombres de cítricos, porque el barrio es popularmente conocido como «La limonada». Las inició porque se cansó de ir a los funerales de muchachos involucrados en pandillas. Dios la guio a llegar antes de que llegaran las maras. Y eso hace. La luz empezó a brillar como brillan las luciérnagas en un campo oscuro, en lo que despunta el alba. Tita limpia lágrimas cada día que baja a su amada Limonada, y también llora.

Lo que pasa es que, a medida que Dios nos revela Su corazón y nos tiñe el nuestro con Sus palabras, más duele el mundo y sus injusticias, más duelen y desesperan las falsas enseñanzas, más extraño se siente caminar en este lugar roto. Y, a la vez, menos nos gustan las noticias y más asco dan los que usan el nombre de Jesús para hacer lo que les da la gana. Se vuelve un caminar agridulce. Agrio por todo lo que acabo de mencionar, y dulce por el contraste con la belleza extrema de un Dios que espera, que no tarda, que ve todo y que hará justicia, y en cuyas promesas está nuestra ancla. No existe algo más dulce que esa esperanza. Es un caminar aparentemente triste, pero lleno de gozo.

Más bien, en todo y con mucha paciencia

nos acreditamos como servidores de Dios: en

sufrimientos, privaciones y angustias; en azotes,

cárceles y tumultos; en trabajos pesados, desvelos

y hambre. Servimos con pureza, conocimiento,

constancia y bondad; en el Espíritu Santo y en

amor sincero; con palabras de verdad y con

el poder de Dios; con armas de justicia, tanto

ofensivas como defensivas; por honra y por

deshonra, por mala y por buena fama; veraces,

pero tenidos por engañadores; conocidos, pero

tenidos por desconocidos; como moribundos,

pero aún con vida; golpeados, pero no muertos;

aparentemente tristes, pero siempre alegres;

pobres en apariencia, pero enriqueciendo a

muchos; como si no tuviéramos nada, pero

poseyéndolo todo. (2 Corintios 6:4-10)

Aparentemente tristes, pero siempre alegres... Ninguna lágrima es eterna; nuestra alegría lo será. Ya viene.

Esa segunda vez, Jesús viene a corregir todas las cosas y hacerlas nuevas; ya no como bebé, sino como el Rey que ganó. Ya no en el vientre de una muchacha, sobre un asnito, sino sobre un caballo de guerra. Ese día, todos los que parecemos locos por estar esperando algo que parece no llegar, seremos los más cuerdos y los más aliviados y felices. Y todos los que escogen ignorar Su voz, los que lo odian abiertamente, los que se disfrazan de religión, los que no lo quieren a Él sino solo lo que puede dar y los que apuestan su vida a que no existe lo verán, y como Herodes esa noche en la obra de teatro, le rendirán honores porque no habrá opción ni una pizca de duda. Y seremos bienaventurados por haber creído sin haber visto.

Nadie puede esconderse del Señor. Para sanar, destapa lo escondido que produce la podredumbre y por misericordia trae todo a la luz. En el día final, todo se sabrá... Para los que pretender huir de Dios o engañarlo con sus méritos, será un día terrible; para los que corrimos a Cristo para salvación, será nuestro máximo alivio, porque nuestro veredicto ya fue pronunciado: ¡inocente!

Por eso, vivimos vidas dignas del llamamiento supremo... o al menos, deberíamos...

La esperanza que me sostiene es que Jesús no es un héroe que vino y se fue, y que solo vive en mi recuerdo, sino que es el que vive y reina, y regresará a establecer de una vez y para siempre Su reino, secará toda lágrima y terminará con la maldad. No quedará rastro de Herodes.

Después vi un cielo nuevo y una tierra nueva,

porque el primer cielo y la primera tierra

habían dejado de existir, lo mismo que el

mar. Vi además la ciudad santa, la nueva

Jerusalén, que bajaba del cielo, procedente de

Dios, preparada como una novia hermosamente

vestida para su prometido. Oí una potente voz

que provenía del trono y decía: «¡Aquí, entre los

seres humanos, está la morada de Dios!

Él acampará en medio de ellos, y ellos serán su

pueblo; Dios mismo estará con ellos y será su

Dios. Él les enjugará toda lágrima de los ojos.

Ya no habrá muerte, ni llanto, ni lamento ni

dolor, porque las primeras cosas han dejado de

existir. (Apocalipsis 21:1-4)

LAS FLORES ME DIJERON

PARECÍA MUERTO. Yo dije: «¡Lo maté!».

Pero hoy amanece. Y lo veo por la ventana, bajo la brisa y el cielo de un inusual blanco absoluto. Me mira. Hermoso. Radiante. Sonriente. Calmado... porque es lo que había planeado todo este tiempo. Había tratado de decirme, pero no le entendí.

Lo vi por la ventana. Sin hablar, me dijo que saliera a verlo. Porque, después de todo, fue Él quien decidió regresar. Ya estaba esperando afuera antes de que yo me despertara. Su amor me llamaba.

Bajé y me quedé perpleja al ver cómo logró combinar una fuerza invencible y una ternura conmovedora. Parecía un soldado con mil historias entre pecho y espalda y la satisfacción de una misión cumplida. Volvía de pelear lo que nadie jamás podría soportar, pero se veía radiante. Una guapura hipnotizante. Un uniforme condecorado brillante. Igual que su cabeza, cejas y pestañas. Las manos con cicatrices cubiertas de brisa dejaban caer gotitas sobre las botas de combate. Triunfante y tierno. Fuerte y sereno. Sonriente bajo la brisa y el cielo blanco.

Paciente, a la espera de que yo amaneciera.

Así es Él, amanece antes que nuestros ojos. Sus flores salen antes que el sol. De hecho, se forman en la oscuridad. El final

feliz ya estaba adentro de Él, aunque nadie lo podía ver. Es

un soldado... una semilla... y, a menos que peleara y muriera,

no podía ganar. A menos que se rompiera, no podía ser

invencible. Mató a la muerte cuando murió siendo inocente.

Mató a la muerte al vivir para Su Padre mientras moría cada

día. Porque viene de un reino diferente, donde se gana al

rendirse.

Oí ruido afuera. Eran enemigos de Él. Soldados que

peleaban la batalla equivocada. Burladores de Su bondad.

Ignorantes de Su belleza. Pensadores ciegos. Por un momento,

me asusté; por un momento, captaron mi atención. Me enojé...

me angustié. Los oí riéndose de lo que hizo. Ignorando

la Verdad. ¡Y convenciendo a tantos! Pero Él me sonrió y

extendió Su mano para que yo también saliera a mojarme bajo

la brisa... esa brisa de gotitas casi microscópicas que parecen

no tener fuerza, pero que caen con tal constancia que llegan

a empapar. *Y le di mi mano... porque ya tenía mi corazón.* Y me

abrazó tan fuerte que mi pijama se mojó al tocar Su uniforme.

Y allí me dijo al oído que no me preocupara. Que ya venía

el día en que todos lo verían como realmente es y ninguno

quedaría igual.

Muerto no está. Diga lo que diga este mundo que Adán

rompió. Él está sereno y espera afuera de la ventana. Aunque haya ruido afuera. Aunque la mentira avance. El final feliz está listo. Las flores se forman en medio del secreto, el color intenso dentro de las ramas que parecen muertas.

Las flores me dijeron. Ellas salen para eso.

Extranjeros

SI VAMOS CAMINANDO POR este mismo camino angosto
y empinado, es porque fuimos rescatados por el mismo
par de manos. Manos que se extendieron hasta romperse
y sangrar, con tal de traernos a la misma familia. ¡Somos
hermanos!

Lo que tenemos en común es el rescate. Es la gloria de
recibir un nuevo nombre, a pesar de las traiciones. Lo que
tenemos en común es el Rescatador. El que no se rinde y
vuelve a cargarnos si es necesario, para que juntos cantemos la
canción de los peregrinos.

Porque eso somos.

Peregrinos y extranjeros. Y cantamos aun en los días en los
que lloramos… Porque nuestra esperanza es segura. Somos
peregrinos y extranjeros… no porque no tengamos casa, sino
porque nuestra casa verdadera no es esta. No nacimos del
Espíritu para habitar castillos terrenales hechos con manos
humanas. Nacimos del Espíritu para poner nuestra mirada en
lo eterno, y mientras viene a establecerse Su reino, nuestro
reino, esperamos en carpas. Nosotros no nos sentimos
cómodos en este mundo, porque no podemos amoldarnos
a eso de lo cual fuimos salvados y por lo que murió nuestro

mejor Amigo.

Cada día que pasa, y que pasamos en Su Palabra, se nos cambia el corazón y lo que queremos es amarlo mejor. Y hallaremos resistencia, tanto dentro como fuera de nosotros. Porque fue lo prometido.

Haber sido rescatados implica haber sido llamados a ser incomprendidos... Pero es un precio muy pequeño, por la gloria que espera. Nuestra gloria es que llegará el día en el que lo veremos a los ojos, y sabremos que haber pasado todas esas penas ha sido realmente una completa alegría.

Adelante peregrinos, porque no vamos solos. Él nos lleva; ¡nuestro destino es seguro! Fuimos hechos para vivir en Sus brazos y para allá vamos.

 Todos ellos vivieron por la fe, y murieron sin haber recibido las cosas prometidas; más bien, las reconocieron a lo lejos, y confesaron que eran extranjeros y peregrinos en la tierra.

(Hebreos 11:13)

Oración de confianza en la soberanía divina en medio del dolor

Hoy, Señor, me siento débil, completamente

deshecho;

mi corazón gime angustiado. (Salmo 38:8)

Pero, en mi angustia te llamo, Señor; clamo a ti,

mi Dios, y tú me escuchas desde tu templo;

¡mi clamor llega a tus oídos! (Salmo 18:6)

¿A quién tengo en el cielo sino a ti?

Si estoy contigo, ya nada quiero en la tierra.

Podrán desfallecer mi cuerpo y mi espíritu,

pero tú fortaleces mi corazón;

tú eres mi herencia eterna. (Salmo 73:25-26)

Yo te amo, Señor

porque escuchas mi voz suplicante.

Por cuanto inclinas a mí tu oído,

te invocaré toda mi vida.

Los lazos de la muerte me enredaron;

me sorprendió la angustia del sepulcro,

y caí en la ansiedad y la aflicción.

Entonces clamo a ti, Señor:

«¡Te ruego, Señor, que me salves la vida!».

Señor, eres compasivo y justo;

nuestro Dios, eres todo ternura.

SEÑOR, tú proteges a la gente sencilla;

estaba yo muy débil, y tú me salvaste.

¡Ya puedes, alma mía, estar tranquila,

que el Señor ha sido bueno contigo!

Tú, Señor, me has librado de la muerte,

has enjugado mis lágrimas,

no me has dejado tropezar.

Por eso andaré siempre delante del Señor

en esta tierra de los vivientes.

Tú estás muy cercano cuando se me rompe el

corazón. (Salmo 34:18)

Me hizo bien haber sido afligido,

porque así llegué a conocer tus decretos.

(Salmo 119:71)

Sé que vale más llorar que reír;

pues entristece el rostro, pero le hace bien al

corazón. (Eclesiastés 7:3)

Soy bienaventurado porque, llorando, he

recibido tu consuelo. (Mateo 5:4)

Me alegro y me regocijo en tu amor,

porque tú has visto mi aflicción

y conoces las angustias de mi alma.

(Salmo 31:7)

Aunque digo: «Me encuentro muy afligido»,

sigo creyendo en Dios. (Salmo 116:1-10)

Aunque la higuera no florezca,

ni haya frutos en las vides;

aunque falle la cosecha del olivo,

y los campos no produzcan alimentos;

aunque en el aprisco no haya ovejas,

ni ganado alguno en los establos;

aun así, yo me regocijaré en el Señor,

¡me alegraré en Dios, mi libertador!

(Habacuc 3:17-18)

NOTAS

EL DESPERTAR

Las tenis rosadas
[1] Timothy Keller, La oración (Nashville: B&H Español, 2016), 237

Las Lágrimas no son moscas
[2] John Blake, «The Bishop Eddie Long I knew», CNN (febrero de 2017): http://edition.cnn.com/2017/02/03/us/bishop-eddie-long-i-knew/.

EL REGALO DE MI CRUZ

El Dios que hiere y sana
[3] John Piper, «Dios es más glorificado en nosotros cuando estamos más satisfecho en él», Desiring God (octubre de 2012): www.desiringgod.org/messages/god-is-most-glorified-in-us-when-we-are-most-satisfied-in-him?lang=es

[4] John Piper, «No desperdicies tu vida», Desiring God (enero de 2004): http://www.desiringgod.org/articles/dont-waste-your-life-tract?lang=es

[5] David Guzik «Oseas 6», Enduring Word (2016): https://enduringword.com/comentario/oseas-6/

Cruces de peluche
[6] John Leyva, "How do Muscles Grow? The Science of Muscle Growth," BuiltLean (septiembre de 2013): http://www.builtlean.com/2013/09/17/muscles-grow/

ESPERANZA VIVA

La llamada
[7] C. S. Lewis, El peso de la gloria (Nueva York: Harper Collins Español, 2016)

Peticiones de gloria
    [8] Karyn Purvis, David Cross y Wendy Lyons Sunshine, *El niño adoptado* (Barcelona: Ediciones Medici, 2010).

Todas las promesas cumplidas
    [9] Efesios 1:3; Juan 6:33; Mateo 13:45.

    [10] Romanos 8:1.

    [11] Romanos 10:4.

    [12] Romanos 8:17.

    [13] Romanos 5:8.

    [14] Efesios 2:14-17.

LLORA VALIENTE

Manchas de chocolate
    [15] Twenty One Pilots, *Migraine*, canción, 2013 (traducción de la autora)

    [16] 1 Tesalonicenses 4:13.